Hans Stolp
Der Weg ins Jenseits

Hans Stolp

DER WEG INS JENSEITS

Ein Trostbuch,
wenn ein geliebter Mensch in
eine lichtere Welt weitergegangen ist.

Aquamarin Verlag

4. Auflage 2024

Aquamarin Verlag GmbH
Voglherd 1 D-85567 Grafing

Holländischer Originaltitel: *Als een Geliefde sterft*
Umschlaggestaltung: Annette Wagner unter Verwendung von:

Aus dem Holländischen von Andrea Fischer

ISBN 978-3-89427-665-2
Druck: Generál Druckerei GmbH

INHALT

Für Dicky

Der Verlust traf mich
Wie ein Blitzschlag.
Von einem Moment
Auf den anderen
Wurde es völlig dunkel.

Du hattest keine Wahl:
Du gingst tastend und suchend
Mitten durch die Schluchten
Von Verzweiflung
Und Ratlosigkeit.

Du verlorst und gewannst:
Denn auf dieser Suche
Wurde die Erkenntnis geboren,
Und auch tieferes Wissen,
Wurde der echte Lebensquell
Erschlossen.

Nun lebst du
Von diesem Reichtum,
Der im Dunkel
Geboren wurde.

Du verlierst und gewinnst
Doch der größte Gewinn
Ist das Wissen, dass die Liebe
Ewig währt.

Denn die Liebe
Stirbt niemals.

EINFÜHRUNG

Kummer – keiner von uns bleibt davon verschont.
Früher oder später tritt er in unser Leben.
Oft ist Kummer mit dem Verlust eines geliebten Menschen verbunden – mit dem Verlust eines Menschen an den Tod, aber auch an das Leben. Der Kummer, mit dem wir dann zurückbleiben, gehört zu den schwersten Formen von Kummer, die es in diesem Erdenleben gibt. Wir sind mit unseren Lieben so stark verbunden – von Herz zu Herz, bis in die kleinste Faser – dass uns der Abschied von einem nahestehenden Menschen zutiefst trifft und innerlich zerreisst. Wir sterben selbst ein Stück weit mit, sind selbst 'ein bisschen tot', wenn ein geliebter Mensch stirbt. Man kann auch sagen: Unser Herz stirbt ein Stück weit, wenn wir von einem geliebten Menschen Abschied nehmen müssen. Nun ist das Herz der verletzlichste Punkt unseres gesamten Wesens und unserer ganzen Person, und gerade an dieser empfindlichsten Stelle wird der Kummer am stärksten empfunden. Gerade im Herzen schmerzt es besonders, wenn wir von einer Person Abschied nehmen müssen, mit der wir in Liebe verbunden waren.

Kummer – keiner von uns bleibt davon verschont.
Früher oder später tritt er in unser Leben.
Es gibt viele Formen von Kummer; neben dem Kummer um den Verlust eines geliebten Menschen kann man auch an Kummer leiden, wenn man den Arbeitsplatz verliert, der einem lieb war und Halt gab. Man hat Sorgen, wenn einen die Gesundheit im Stich lässt und man zum Invaliden wird. Man ist traurig, wenn der Hund stirbt. Kummer entsteht stets durch Verlust – Verlust

eines geliebten Menschen, Verlust der Gesundheit, Verlust der Arbeit oder Verlust eines Tieres. „Es gibt so viele Arten von Verlust", sagt die Dichterin Vasalis. Und sie fährt fort: „Doch von all diesem Kummer verursacht nicht der Schnitt den größten Schmerz, (sie meint damit das Band der Liebe, das durchschnitten wird), sondern das Abgeschnittensein." Wenn man im Lauf der Zeit, so verstehe ich ihre Worte, den Schmerz der Entbehrung, des Kummers und des Alleinseins ganz heftig, sozusagen mit allen Fasern des Herzens, spürt, schmerzt dies noch mehr als der Schock selbst, den man bei diesem Verlust erlitten hatte.

Kummer – keiner von uns bleibt davon verschont.
Früher oder später tritt er in unser Leben.
Durch welchen Verlust dieser Kummer auch verursacht wird, wir müssen damit leben, ob wir wollen oder nicht. Allein um zu überleben, müssen wir lernen, damit umzugehen. Wir müssen es durchstehen, durchleben und verarbeiten – Schritt für Schritt. Daher beginnt mit jedem Verlust das harte Brot der so genannten „Trauerarbeit". Freud benutzte 1915 dieses Wort zum ersten Mal – *Trauerarbeit*. Mit diesem Ausdruck wollte er sagen, dass man hart daran arbeiten muss, um vom Kummer genesen zu können, um wieder darüber hinaus zu wachsen und nicht auf halbem Wege stecken zu bleiben. *Trauerarbeit* – das klingt wie ein sachlicher Terminus, doch hinter diesem Wort verbirgt sich eine Welt der Gefühle, des Kummers, der Einsamkeit und des Durchleidens.

In diesem Buch geht es um die Art und Weise, wie wir Schritt für Schritt den Kummer durchleben. Wie gehen die Menschen damit um? Was erleben sie während dieser Zeit? Welche Phasen durchlaufen sie dabei? Natürlich ist jeder Mensch einmalig, und jeder Mensch verarbeitet den Kummer seines Lebens auf seine eigene, einmalige und persönliche Weise. Und doch ist zugleich auch die Rede von einem relativ allgemein gültigen Verlaufsmuster, das immer wieder wie ein roter Faden an der Art und Weise erkennbar ist, wie Menschen auf Kummer reagieren. Daher kann der Einblick in diesen Verlauf, in diesen Prozess, den man durchlebt, wenn einem der Kummer im Griff hat, Mut, Halt und sogar ein wenig Trost spenden. Denn man entdeckt, dass es gar nichts so Exotisches ist – dieses Chaos an Gefühlen, dem man ausgesetzt ist. Man entdeckt, dass man nicht verrückt wird oder ist, sondern dieses verrückt machende Chaos an Gefühlen nun einmal zum Verarbeitungsprozess dazugehört. Man entdeckt, dass es eine Perspektive gibt und es wirklich möglich ist, aus diesem Kummer als ein neuer, gestärkter Mensch hervorzugehen. Man entdeckt, dass man viele Brüder und Schwestern hat, die den gleichen Prozess selbst schon durchlebt haben. Daher kann der Einblick in den ungefähren Verlauf des Trauerprozesses, den man als Mensch durchlebt, wenn man gezwungen ist, von einem geliebten Menschen Abschied zu nehmen, Trost und Mut spenden.

Niemand kann einem anderen Menschen seinen Kummer abnehmen. Wir können einander auch nicht vor diesem Kummer bewahren. Wir können einander jedoch durch diesen Kummer hindurch begleiten. Wir können uns gegenseitig Mut zusprechen und einander stützen. Eine Art der Ermutigung kann darin bestehen, einander Einblick zu schenken in das, was denn eigentlich mit einem Menschen geschieht, der einen tiefen Kummer erleidet. So ist dieses Buch als Begleiter gedacht, der Menschen während ihres Trauerprozesses Einsichten und Mut vermittelt.

Doch darüber hinaus wurde dieses Buch auch für all die Menschen geschrieben, die etwas von dem erspüren und begreifen wollen, was in einem anderen Menschen vor sich geht, der sich auf dem Weg durch einen Kummer befindet; denn nahezu immer begegnen wir Menschen, die vor noch nicht allzu langer Zeit einen geliebten Menschen verloren haben. Wie reagiere ich dann? Was kann ich sagen, was sollte ich besser nicht sagen? Was könnte ich eventuell für den anderen tun? Der Einblick in den Trauerprozess kann uns helfen, den Nächsten besser zu verstehen und, falls möglich, diesem eine Stütze zu sein. Das ist in unserer heutigen Zeit auch bitter nötig. Denn das Tabu „Tod" mag heute vielleicht durchbrochen sein, *das Tabu „Kummer" hingegen existiert heute noch in voller Lebensgröße.* Ein Beispiel für dieses Tabu mag dies verdeutlichen. Oft wird, ohne nachzudenken, angenommen, dass Menschen etwa zwei Jahre nach dem Verlust eines geliebten Menschen langsam darüber hinweggekommen sind. Man nimmt an, dass diese Menschen dann dem Leben wieder offen gegenüberstehen und im Laufe dieser zwei Jahre gelernt haben, den geliebten Menschen loszulassen. So reagieren dann viele gegenüber jemandem, der etwa vor zwei Jahren einen geliebten Menschen verloren hat. „Na, jetzt bist du ja sicher darüber hinweg, oder?", fragen sie dann freundlich. Doch jeder, der einen geliebten Menschen verloren hat, weiß, dass sehr oft erst nach etwa zwei Jahren das Gefühl von Verlorenheit, Einsamkeit und Kummer stärker als zuvor auftritt. Es scheint ganz so, als benötige unsere Seele etwa zwei Jahre, um sich zu vergewissern, dass es wirklich wahr ist – der andere kommt niemals wieder zurück. Es scheint auch, als ob wir zwei Jahre brauchen, um die Tiefe des Kummers fühlen zu dürfen oder zu können. Zwei Jahre nach dem Verlust eines geliebten Menschen – allgemein gesprochen, in jeder individuellen Situation mag der Fall etwas anders gelagert sein; beim einen verläuft dieser Prozess schneller als beim anderen – befinden sich Schmerz und Kummer auf dem Höhepunkt. Wenn dann das Umfeld einem mit den Worten begegnet: „Na, jetzt bist du ja sicher darüber hinweg, oder?", fühlt sich derjenige, der so angesprochen wird, so unglaublich allein, weil so ein Ausspruch deutlich macht, dass der andere überhaupt nicht versteht, was er oder sie gerade durchlebt. Einblick in den Trauerprozess kann den Angehörigen also helfen, mit mehr Einfühlungsvermögen und Verständnis zu reagieren und dem anderen eine Stütze zu sein.

Wir leben heute eindeutig in einer Zeit der Schnelllebigkeit, in der alles „schnell-schnell" gehen muss. Diese Tendenz ist gegenläufig zur Geschwindigkeit des Trauerprozesses; denn ein Trauerprozess erfordert Zeit – viel Zeit. Und dabei hat dieser Prozess seine eigene Dynamik, sein eigenes Tempo. Ein Tempo, das man nicht beschleunigen kann, selbst wenn man dies möchte. Das bedeutet, dass Menschen, die einen Trauerprozess durchmachen, eine Zeit lang nicht optimal leistungsfähig, „nicht ganz bei der Sache sind" und, wirtschaftlich betrachtet, eine Zeit lang keine optimalen Arbeitnehmer abgeben. Das ist in unserer Zeit beinahe so etwas wie eine Todsünde. Respekt vor der großen Lebensaufgabe, den tiefen Kummer zu verarbeiten, den der Verlust eines geliebten Menschen nun einmal verursacht, kann dazu beitragen, dass wir als Gemeinschaft jemandem auch den erforderlichen Raum und die Zeit dazu schenken, um diese Lebensaufgabe so gut wie möglich zu meistern. Dann liegt der Nachdruck auf dem, was der andere benötigt, und nicht auf dem wirtschaftlichen Nutzen, den jemand für die Gemeinschaft darstellt.

Jemand, der sichtlich unter dem Verlust eines geliebten Verstorbenen leidet, ist auch eine gewisse „Bedrohung" für die Umgebung. Durch seinen deutlichen Kummer erinnert der andere immer wieder an den Tod und an die unwiderrufliche Weise, auf welche dieser unvermittelt in das Leben treten kann. Darüber hinaus wissen wir nicht so genau, was wir zu jemandem, der Kummer hat, eigentlich sagen könnten. Daher meiden wir den anderen lieber ein wenig. Oft berichten Personen, die einen geliebten Mitmenschen verloren haben, wie alle möglichen Bekannten im Supermarkt sich in den ersten Monaten nach diesem Verlust so verhielten, als ob sie ihn oder sie nicht sehen würden. Sie „tauchen" in einen anderen Gang ab oder beginnen scheinbar interessiert allerhand Artikel zu begutachten, um eine Begegnung zu vermeiden. So groß ist offensichtlich die Angst vor dem Tod, so ohnmächtig fühlen sich viele in der Nähe einer Person, die tiefen Kummer hat! Der Einblick in den Trauerprozess kann dazu beitragen, dass wir diese Angst überwinden und dadurch zu einer echten Stütze und Hilfe für den anderen werden. Wir müssen lernen, den anderen nicht länger als Bedrohung zu betrachten, sondern einfach als jemanden, der uns etwas beibringen kann, wie nämlich ein Mensch durch das Dunkel im Leben gehen kann und es schafft, als ein anderer, neuer Mensch daraus hervorzugehen. Die Angst soll dann dem Respekt und der Ehrfurcht weichen. Wir müssen ja jemandem, der Kummer hat, nichts sagen. Wir sollten „nur" unser Herz öffnen und lauschen.

DER INNERE FÜHRER

Jahrelang durfte ich als Pfarrer Menschen begleiten, die einen geliebten Menschen an den Tod verloren hatten. Dabei ist mir etwas ganz Besonderes aufgefallen, das mich tief berührt hat. Zu Beginn dachte ich, dass ich als Seelsorger allerhand Ratschläge geben und allerlei tiefsinnige Dinge vorschlagen müsse, so dass der Mensch, der in einem tiefen Kummer steckte, wieder einen Schritt nach vorne machen könnte. Doch ich entdeckte sehr schnell, dass der andere ganz bestimmt nicht vor mir saß, um auf meine Ratschläge zu warten, geschweige denn darauf, meine Stummheit und mein Schweigen zu ertragen. Als ich dann lernte, genauer wahrzunehmen, was eigentlich mit solchen Menschen im Inneren geschah, kam ich mehr und mehr zu der Überzeugung, dass in jedem Menschen eine tiefe geistige Kraft verborgen liegt, die als eine Art innerer Führer handelt. Meist waren sich die Menschen dieser Kraft oder dieser Führung selbst gar nicht bewusst; und doch waren es ihre eigenen Impulse, ihre eigenen spontanen Eingebungen, ihre

Träume und ihre eigenen Aussagen, in welchen diese innere Führung fühlbar und sichtbar wurde. So erkannte ich mehr und mehr, dass ich als Pfarrer 'nur' dazu diente, diesem inneren Begleiter mit Ehrfurcht auf die Spur zu kommen; dass ich diesen Menschen ihren inneren Führer ins Bewusstsein rufen und ihnen helfen durfte, seinen Anweisungen zu folgen. In diesem Begleiter finden wir den besten Führer, der denkbar ist, um diese Menschen Schritt für Schritt durch den schweren Trauerprozess auf eine ganz individuelle, eine ganz persönliche und einzigartige Weise hindurch zu geleiten.

Dies alles hat mich gelehrt, wie sehr wir Menschen geführt werden, und dass es 'nur' darum geht, uns dieser Führung bewusst zu werden und ihren Anweisungen zu folgen. Ich weiß zu gut, dass das, was ich jetzt sage, nicht beweisbar ist. Dazu ist das Werk dieses inneren Führers auch zu subtil, zu tief im Inneren, als dass wir es zuordnen könnten. Doch wer in Mitgefühl, Liebe und stiller Andacht Menschen zuhört, die Kummer durchleiden, wird diesem inneren Führer auf die Spur kommen – und wird, genauso wie ich, einen Eindruck von der wundervollen Hilfe bekommen, die wir Menschen gerade in der dunklen Zeit unseres Lebens aus der geistigen Welt erhalten.

Ich lernte mit der Zeit, dass ich ganz und gar auf diese Kraft vertrauen konnte – es ist genau diese Kraft, die die Menschen Schritt für Schritt durch das Dunkel hindurch geleitet, ihnen hilft, sich ihren Schmerz und ihren Kummer bewusst zu machen, ihn zu durchleben und loszulassen. Es ist diese Kraft, die den Hinterbliebenen erst die Einsicht schenkt, dass die Liebe unsterblich ist und wir auf ewig in Liebe miteinander verbunden bleiben, auch wenn wir zwischenzeitlich durch den Tod voneinander getrennt werden. Das Bedeutsame für mich war dabei, Menschen in ihrer tiefsten Trauer zur Seite stehen zu können, ohne etwas zu sollen oder zu müssen; denn die Hilfe kam nicht von mir, sondern von jener inneren Geisteskraft, über die jeder von uns verfügt, auch wenn wir uns dieser oft nicht oder kaum bewusst sind.

EINE ENTSCHEIDENDE LEBENSKRISE

Die Art und Weise, wie wir mit unserem Kummer umgehen und ihn verarbeiten, ist von entscheidender Bedeutung für unser ganzes weiteres Leben. Wenn wir diesen Kummer nicht richtig verarbeiten, kann er uns zynisch machen, verbittert und hart. Dieser Zynismus entspringt allerlei Gefühlen von Wut und Zorn (auf Gott, auf das Leben oder auf den geliebten Menschen, der uns durch ihren oder seinen Tod im Stich gelassen hat), die wir uns selbst nicht zugestanden und in einen verborgenen Winkel unserer Seele verdrängt haben. Denn es ist durchaus schwer, dieses irrationale Wutgefühl auf den Verstorbenen zuzulassen, der uns im Stich gelassen hat. Der Verstorbene kann doch nichts dafür? Er oder sie tat das doch nicht mit Absicht? Unser logisches Denken verdrängt also das irrationale Gefühl von Wut in seinen verborgensten Winkel. Doch was verdrängt wird, arbeitet in unserer Seele durchaus weiter und tritt auf Umwegen wieder an die Oberfläche, und zwar oft in Form eines gewissen Zynismus gegenüber unserem engsten Umkreis. Mit diesem Zynismus reagieren wir beispielsweise auch auf allerhand Berichte in der Zeitung oder im Fernsehen. Dies ist das geheime Ventil für unsere Wutgefühle, die wir uns nicht bewusst machen können oder wollen.

Verbittert werden wir, wenn wir bei der Frage nach dem „Warum" steckenbleiben. Warum muss der andere (so früh, so jung) sterben? Diese Verbitterung entsteht, wenn wir nicht durch die Tiefe des Kummers hindurch in der Stille zu einer anderen Form von Antwort, einer höheren Form von Einsicht erwachen, wenn wir nicht durch das Dunkel hindurch zu einem „Darum" erwachen wollen. Diese Antwort kann wirklich nur im tiefsten Dunkel unserer Verzweiflung in uns aufblühen. Im tiefsten Dunkel wird das Licht geboren. Wenn wir uns selbst diese Gefühle der Verzweiflung nicht zugestehen, weil sie zu heftig und zu schwer erträglich sind, wenn wir diese Gefühle verdrängen und uns beispielsweise in unsere Arbeit stürzen, um nur ja nichts fühlen zu müssen, dann können sie eine gewisse Verbitterung in uns hervorrufen.

Zehn Jahre nach dem Tod ihres Mannes hatte ich ein Gespräch mit ihr. Während dieses Gesprächs sagte sie unter anderem Folgendes: „Ich begreife nicht, warum mein Mann so jung sterben musste. Ich finde das nicht fair. Wenn ich irgendwo hingehe, sehe ich immer nur Menschen, die noch zusammen sind, während ich überall allein hingehen muss. Ich finde es nicht fair, dass ich meinen Mann so jung verlieren musste, während andere so viel länger zusammen bleiben dürfen." Diese Frau hatte den Schmerz und den Kummer verdrängt und nicht wirklich durchlebt. Daher war sie verbittert geworden.

Wenn wir im Trauerprozess stecken bleiben, kann nicht nur ein gewisser Zynismus in uns aufkommen oder eine gewisse Verbitterung, sondern auch eine gewisse Härte oder Gefühllosigkeit entstehen. Wenn jemand seine Verzweiflung, seinen Kummer und seine Einsamkeit nicht wirklich gefühlsmäßig zu durchleben wagt, sondern alles verdrängt, kann er auch kein Gefühl von Freude und Dankbarkeit mehr erfahren. Doch wer weder Freude noch Kummer empfinden kann, der wird selbst hart und gefühllos.

Doch es geht auch anders – und glücklicherweise geschieht dies auch ganz oft. Es kann sein, dass man aufgrund einer Lebenskrise ein ganz anderer, ein ganz neuer Mensch wird. Wer entdeckt, dass er oder sie in der Lage war, die tiefste Einsamkeit zu durchleben, ohne daran endgültig zugrunde gegangen zu sein, entwickelt ein neues Selbstvertrauen. Wer im tiefsten

Dunkel eine Antwort auf die Frage nach dem Sinn des Todes und des Lebens gefunden hat, kommt als ganz anderer Mensch aus dieser Lebenskrise wieder ans Tageslicht, als ein Mensch mit eigenen Antworten und Einsichten, die wirkliche Antworten und Einsichten sind, die niemand ihm jemals wieder wegnehmen kann.

Oft entdecken Menschen in jenem tiefsten Dunkel etwas ganz Besonderes. Sie entdecken, dass sie, wenn sie am Ende ihrer geistigen Kräfte angelangt sind, auf wundersame und unbegreifliche Weise aufgefangen und getragen werden. Ich kann es nicht anders umschreiben als mit folgenden Worten: Viele Menschen machen die Erfahrung, dass gerade in ihrem Kummer andere, größere, geistige Kräfte fühl- und spürbar werden, die ihnen zu Hilfe eilen und in aller Stille Führung bieten. Jeder, der dies erfahren darf, erwacht aus dieser Lebenskrise als ein anderer, als ein neuer Mensch. Dieses Wissen, dass wir Menschen dabei niemals allein sind, sondern dass wir, wenn wir fallen, stets aufgefangen werden – all dies wurzelt nie in der Gegenwart, sondern in der Zeit, die zuvor aus der geistigen Welt als gut und richtig dafür bestimmt wurde. Diese Einsicht, dieser innere Reichtum, sind der größte Gewinn, den ein Mensch aus dem Dunkel des Lebens erwerben kann, und der ihn für immer zu einem Menschen macht, der es wagt, seinem weiteren Lebensweg mit neu erworbenem Vertrauen, mit neuer Ehrfurcht und neuer Dankbarkeit entgegenzutreten.

Die Art und Weise, wie wir den Trauerprozess durchlaufen, ist also entscheidend für unsere weitere Zukunft auf Erden und dafür, dass ein Mensch aufrecht aus dieser Lebenskrise heraus wieder ans Licht tritt. Auch aus diesem Grund ist es so wichtig, dem Trauerprozess alle Aufmerksamkeit zu schenken.

Das Hauptaugenmerk dieses Buches liegt auf der Art und Weise, wie wir den Verlust eines geliebten Menschen durchleben und verarbeiten können. Doch im Prinzip kann jeder, der auf die eine oder andere Weise einen Verlust durchlebt, sich in dieser Beschreibung wiedererkennen; denn der Trauerprozess, den wir, bei welchem Verlust auch immer, durchleben, weist immer ein und dasselbe Grundmuster auf. Möge dieses Buch allen Leserinnen und Lesern, die einen Verlust erlitten haben, Trost und Ermutigung sein; möge es allen, die in ihrem Umfeld mit einer Person zu tun haben, die mit einem Verlust konfrontiert ist, neue Einsichten schenken.

SO STILL UND BLASS

So still und blass liegst du da,
Ich kann es noch nicht fassen.
Ich hör' noch deine Stimme,
Ich seh' das stille Lächeln
Mit dem du schweigend zu mir blickst.

So still und blass liegst du da,
Ich kann es noch nicht fassen.
Ich seh' es wohl, doch immer noch
Denk' ich, dass du gleich
Die Augen wieder öffnest
Und zu mir herüberlachst,
Als wär's ein schlechter Scherz.

So still und blass liegst du da,
Ich kann es nicht begreifen.
Wo bist du hingegangen?
Besteht denn Aussicht,
Dass deine Augen sich wieder öffnen werden,
Dort, an der letzten Schranke,
Wo die grenzenlose Welt beginnt?

So still und blass liegst du da,
Ich kann es nicht begreifen.

1. DER SCHOCK

DIE SCHWIERIGSTE AUFGABE IM LEBEN

Wenn ein geliebter Mensch stirbt, zieht es uns den Boden unter den Füßen weg. Wir sind bis in das Innerste unseres Wesens hinein erschüttert und geschockt. Wir können es nicht fassen und haben das Gefühl, dass auch wir selbst mit unserem geliebten Menschen ein wenig 'mitsterben'. Diese geliebte Person kann unser Ehemann, unsere Ehefrau oder unser Partner sein. Es kann auch eines unserer Kinder sein oder ein Elternteil von uns, eine Freundin oder ein Freund, der uns sehr nahe stand, oder ein geliebtes Haustier. Doch wie unsere Beziehung zu dem geliebten Verstorbenen auch sein mag – es stürzt für uns immer wieder eine Welt ein, wenn jemand stirbt, mit dem wir uns emotional stark verbunden fühlen.

In Träumen tauchen häufig zum Zeitpunkt des Todes oder nach dem Tod eines geliebten Menschen vielsagende Bilder auf. Träume von einem Erdbeben, von einer Sonnenfinsternis oder von einer Lawine – diese Bilder drücken deutlich aus, was mit dem Zurückgebliebenen geschieht. Die Sonnenfinsternis nimmt das Licht aus unserem Leben und bringt Finsternis, und diese Finsternis wiederum zieht Einsamkeit und Kälte nach sich. Nun, da die Sonne untergegangen ist, die uns vorher so wärmte sowie Licht und Freude schenkte, nun, da es dunkel geworden ist und wir keine Hand mehr vor Augen sehen können, vermögen wir im Dunkeln unseren Weg nicht mehr zu finden und auch keine anderen Menschen mehr zu sehen. Dadurch fühlen wir uns vollkommen allein, verloren, hilf- und ratlos.

Traumbilder sind klare Hinweise, denn auch das Bild vom Erdbeben ist ein deutliches Bild dessen, was mit uns geschieht, wenn ein geliebter Mensch stirbt – der Boden bebt unter unseren Füßen, die alte, vertraute Welt stürzt ein, und wir wissen nicht, wie wir uns in Sicherheit bringen können. Ähnlich ist es beim Traumbild einer Lawine. Wir befinden uns in einer herrlichen Berglandschaft, jungfräulich weiß vom Schnee und von einer ergreifenden Schönheit, die uns bis in die Tiefe unseres Herzens hinein berührt. Doch dann, im Bruchteil einer Sekunde, wandelt sich diese Schönheit in einen Albtraum – eine Lawine bricht los, die alles mit sich hinwegfegt und vernichtet. Die erst so herrliche, ergreifend schöne Welt wird nun zu einer Welt der Bedrohung, Vernichtung und Gefahr, und die Übermacht der Naturgewalt bewirkt, dass wir uns vollkommen nichtig und hilflos fühlen.

Ob unser geliebter Mitmensch nun unerwartet stirbt oder wir uns darauf vorbereiten konnten – der Schock ist in beiden Fällen unvorstellbar groß. Nicht umsonst kommt es häufig vor, dass Außenstehende den Tod einer Person schon lange vorhersehen können, die direkt Betroffenen jedoch in der Todesanzeige schreiben, dass der Tod doch ganz unerwartet eingetreten sei. Selbst wenn wir uns vorbereiten konnten, weil unser geliebter Partner nach einer langen und schweren Krankheit verstarb, bleibt nach seinem oder ihrem Tod die Tatsache, dass wir uns nicht wirklich vorbereiten und uns vorher nicht vorstellen konnten, welche Gefühle uns überwältigen würden, wenn das Ende des Erdenlebens unseres geliebten Menschen einmal käme. Vom Verstand her wussten wir sehr wohl, dass alles verändert sein und bald eine Zeit kommen würde, in der wir allein, ohne die Wärme und stützende Nähe unseres geliebten Menschen weitergehen würden müssen. Doch nun zeigt sich, dass wir es in unserem Herzen nicht wirklich wussten. Wir haben uns einfach nicht vorstellen können, welche Gefühle der Tod er in uns wachrütteln würde; denn solange unser geliebter Partner lebte, brauchte er unsere Liebe, Aufmerksamkeit und Fürsorge. Die ganze Zeit über mussten wir daher um des anderen willen stark sein. Doch nun, da dies nicht mehr nötig ist, nun, da wir diesen Menschen nicht mehr länger pflegen oder selbst stark sein müssen, können all diese Gefühle zum Vorschein kommen, die wir vorher stets verdrängt hatten, da wir stark sein mussten. Wenn dann die Verzweiflung, der Kummer, die Ohnmacht und das Gefühl der Einsamkeit hochsteigen, stellt sich heraus, dass diese Gefühle viel stärker, viel schockierender und umwerfender sind, als wir uns dies je zuvor mit unserem Verstand hätten vorstellen können.

Jeder, der dies selbst mitgemacht hat, weiß – und die Traumbilder bestätigen es – dass das Verarbeiten des Todes eines geliebten Menschen zu den schwierigsten Aufgaben zählt, die uns in diesem Leben auf Erden begegnen können. Zurückblickend sagen viele Menschen, dass es ein Leben vor dem Sterben der geliebten Person gab und ein – ganz anderes – Leben nach seinem Tod. Der Tod eines geliebten Menschen wurde also im Leben der Hinterbliebenen zur einschneidenden Zäsur, zum alles bestimmenden Übergang. Darüber hinaus ist das Verarbeiten dieses Verlustes eine Lebensaufgabe, die uns zufällt und um die wir selbst nicht gebeten haben. Ob wir es nun wollen oder nicht, es überkommt uns einfach. Doch wenn der Verlust uns überkommt, haben wir keine andere Wahl als durch die Verzweiflung, die Angst, den Kummer und all die anderen Gefühle hindurchzugehen, die uns in einer solchen Situation so machtvoll überfluten. Wir können uns diesem Geschehen einfach nicht entziehen.

Dabei müssen wir uns in der Gegenwart auch noch Folgendes vor Augen halten. In der heutigen Zeit verlieren wir einen geliebten Menschen manchmal nicht an den Tod, sondern an das Leben. Denken wir doch an die vielen Ehescheidungen, womit so viele in unseren Tagen konfrontiert sind. Auch der Verlust eines geliebten Menschen an das Leben wühlt allerlei Gefühle auf, die mit den Gefühlen, die jemand nach dem Tod eines geliebten Partners durchlebt, eng verwandt sind und diesen stark gleichen. Daher geht es in diesem Buch nicht nur um den Trauerprozess, den jemand nach dem Tod einer geliebten Person durchlebt, sondern auch um den Trauerprozess, den jemand durchleidet, der einen geliebten Partner an das Leben verloren hat. In gewisser Hinsicht ist der Verlust eines geliebten Menschen an das Leben übrigens noch schwieriger zu verarbeiten als sein Verlust an den Tod. Wenn wir nämlich einen geliebten Partner an das Leben verlieren, bleiben ebenfalls häufig starke Gefühle von Verbitterung, Unverständnis und Wut beim Hinterbliebenen zurück, die sogar heftiger, härter und viel deutlicher ausgeprägt sind als die gleichen Gefühle nach dem Verlust eines geliebten Menschen an den Tod. Darüber hinaus ist es noch schwieriger, einen geliebten Partner auch wirklich loszulassen, der nicht gestorben ist, sondern anderswo weiterlebt und dort nun sein eigenes neues Leben aufbaut – ohne den früheren Partner. Daher sagt man manchmal, dass der Trauerprozess länger dauert, wenn wir einen geliebten Partner an das Leben verlieren, als wenn wir ihn an den Tod verlieren. Doch ganz gleich, welchen Verlust wir erleiden, der Trauerprozess verläuft in groben Zügen mit ähnlichen Gefühlen und Erfahrungen – und daher ist eine Beschreibung des Verlusts eines geliebten Menschen an den Tod im Prinzip auch eine Darstellung dessen, wie man den Verlust eines geliebten Partners an das Leben verarbeiten kann.

EIN GEFÜHL VON UNSICHERHEIT

Der Tod eines geliebten Menschen ist ein Schock, der in unserem Leben jahrelang nachbebt und nachwirkt. In den meisten Fällen wirkt der Schock selbst auf das ganze weitere Leben des Hinterbliebenen nach. Dieser Schock beinhaltet zunächst die Begegnung mit der übermächtigen Wirklichkeit des Todes; denn niemand kann sich vor dem Tod verstecken. Der Tod kommt, wann es *ihm* passt, niemals, wann es *uns* passt. Daher ruft der Schock über den Tod eines geliebten Menschen auch ein starkes Gefühl von Unsicherheit wach; da niemand sicher davor ist. Wenn der Tod will, schlägt er zu, und niemand kann etwas dagegen tun. Natürlich wissen wir dies nur allzu gut vom Kopf her; denn natürlich haben wir schon des öfteren von Menschen gehört, die gestorben sind. Doch nun, da der Tod uns so nahe kommt, zeigt sich die Wirklichkeit des Todes viel einschneidender, als wir jemals vermutet hatten. Der Tod eines geliebten Menschen vernichtet also unser Gefühl von Sicherheit und Geborgenheit im Leben; und noch jahrelang wird dieses Gefühl von Unsicherheit mit großer Regelmäßigkeit an die Oberfläche kommen. Es kann unvermittelt etwas geschehen, was unser Leben vollkommen auf den Kopf stellt. Niemand ist sicher. Wir werden fortwährend bedroht; denn das Leben ist voller Bedrohungen. Es dauert lange, sehr lange, bis der Hinterbliebene nicht mehr von diesem Gefühl der Unsicherheit verfolgt wird, sondern es wieder wagt, sich mit sicherem Vertrauen an das Leben zurückzuwenden.

Er war fünfundvierzig Jahre alt, als seine Frau an Krebs starb. Seine beiden Kinder waren erst seit kurzem aus dem Haus; der eine war verheiratet, der andere hatte sich ein Zimmer genommen. So stand der Mann innerhalb weniger Jahre allein, während er noch vor kurzem an einem warmen, lebendigen und fröhlichen Familienleben teilhatte. Innerhalb eines halben Jahres war er wieder mit einer Freundin seiner Frau verheiratet. Diese Ehe ließ das warme Verhältnis zu seinen Kindern abkühlen. Sie empfanden diese schnelle Heirat als Verrat an ihrer Mutter. Für den Mann war dies jedoch ein Rettungssprung, obgleich er es niemals zugegeben hatte; denn er verkraftete die Einsamkeit nicht. Fünf Jahre nach seiner zweiten Heirat führte ich ein Gespräch mit ihm. In diesem Gespräch sagte er wie beiläufig: „Ach ja, sicher bin ich in diesem Leben niemals. Man weiß nie, was noch geschehen kann. Morgen schon kann alles wieder ganz anders sein, als man gestern noch gedacht hatte." Er sagte das, als brächte er eine philosophische Weisheit zum Ausdruck, und hatte selbst gar nicht bemerkt, wie sehr bei diesem Gefühl von Unsicherheit sehr wahrscheinlich noch der unverarbeitete Kummer über den Tod seiner ersten Frau und der Schmerz über das abgekühlte Verhältnis zu seinen Kindern eine Rolle spielte. Darüber wollte er allerdings überhaupt nicht sprechen, denn er sagte: „Was hat es für einen Sinn, alten Kohl aufzuwärmen? Geschehenes macht man nicht wieder ungeschehen. Es hat keinen Sinn zurückzublicken, man muss einfach normal vorwärtsgehen." Gerade weil er nicht zurückblicken wollte, konnte dieses Gefühl der Unsicherheit, das der Tod seiner Frau in ihm ausgelöst hatte, so lange Zeit weiter nachwirken. Wenn wir solche Gefühle nicht bis auf den Grund durchleben und uns bewusst machen, sondern sie stattdessen verdrängen, können sie umso ungestörter in uns weiterwirken.

Dieses fundamentale Gefühl der Unsicherheit – entstanden durch den Tod eines geliebten Menschen – bewirkt sehr wohl etwas in uns, denn wenn man sich nicht sicher und ohne Gefahr fühlt, wagt man es auch nicht, unbefangen und voll Vertrauen an das Leben und an die Menschen um sich herum heranzutreten. Man wird in gewisser Hinsicht ein reservierter Mensch und gibt sich niemals dem anderen ganz hin, sondern errichtet eine Mauer um die verletzlichsten Stellen seines Herzens – denn wer verletzbar ist, wird auch leicht verletzt und getroffen, wer sich dagegen abschirmt, kann vom Leben weniger leicht überrascht und verletzt werden. Jemand, der einen Trauerprozess durchläuft, wird also immer wieder Schritt für Schritt lernen müssen, sich unbefangen und ohne Zurückhaltung dem Leben und den Menschen um sich herum hinzugeben. Dieser Prozess benötigt Zeit, viel Zeit. Er erfordert auch viel Liebe, Liebe und Wärme von den Menschen aus dem engen Umfeld des Hinterbliebenen

– denn nur Liebe und Wärme sind imstande, unsere Zurückhaltung zu durchbrechen. Nur die Liebe und Wärme der anderen können uns neues Vertrauen schenken, und nur Liebe und Wärme können uns wieder den Mut schenken, verletzbar zu sein. Es kann daher sehr wohl vorkommen, dass beispielsweise der oben erwähnte Mann durch die Liebe seiner zweiten Frau letztendlich von seinem Gefühl der Unsicherheit geheilt wird. Wenn sie Geduld und Liebe besitzt, dann wird sie damit in der Lage sein, die Mauer, die ihr Mann um sein Herz herum errichtet hat, Schritt für Schritt abzubrechen und ihm ein neues Gefühl von Geborgenheit und damit von Sicherheit zu schenken. Liebe besitzt eine stärkere Kraft als intellektuelles Verstehen!

DIE SPIRITUELLE SUCHE

Es werden so viele Gefühle in uns freigesetzt, wenn ein geliebter Mensch stirbt. Neben diesen Gefühlen von Unsicherheit werden wir beispielsweise auch von Angstgefühlen überflutet. Allerhand Fragen drängen nach oben, in chaotischer Stimmung und ohne jeglichen Zusammenhang: „Wie muss es jetzt weitergehen? Sind wir überhaupt in der Lage, alles, womit wir konfrontiert werden, ganz allein richtig zu erkennen und zu erledigen? Und was muss jetzt noch alles getan werden?“ Danach kommen Fragen rund um den Tod und den Verstorbenen auf uns zu: „Was ist der Tod eigentlich, und wie geht es nun mit unserem Geliebten weiter? Ist der Tod das Ende oder gibt es ein Leben nach dem Tod? Existiert ein Himmel, und wenn ja, wo ist dieser dann?“

Natürlich haben die meisten Menschen ganz bestimmte Vorstellungen oder Auffassungen vom Tod. Für den einen ist der Tod das Ende allen Lebens, für den anderen kommt der Verstorbene in den Himmel oder in die Hölle, für wieder andere ist der Tod ein Übergang in eine andere, geistige Lebensform.

Doch wie wir auch darüber denken mögen, durch den Tod eines geliebten Menschen wird deutlich, ob die Antworten wirklich aus unserem Herzen stammen oder ob wir sie bequemlichkeitshalber von unserer Erziehung übernommen haben, ohne weiter darüber nachzudenken. Bei vielen Menschen zeigt sich, dass die alten Antworten auf die Frage nach dem Tod nicht auszureichen scheinen, wenn der Tod wirklich seinen Fuß in ihr Leben gesetzt hat. Die alten Antworten scheinen ihnen nichts zu sagen, sie scheinen ihnen keinen Halt zu geben, keinen Trost und keine Einsichten. Sie stehen mit leeren Händen und leerem Herzen Auge in Auge mit dem Tod. Viele empfinden diese Leere als unerträglich. Daher können sie nicht anders, als aus dieser Leere heraus auf die Suche nach Antworten zu gehen, die ihnen noch etwas zu sagen haben. Antworten also, mit welchen ihr Herz gut leben kann. Es ist mir aufgefallen, wie gelegentlich der Tod eines geliebten Menschen zum Beginn einer Suche nach Antworten auf die Frage nach dem Sinn des Lebens und einem Fortleben nach dem Tod wird – denn die Art und Weise, auf die wir den Tod betrachten, bestimmt auch die Art und Weise, wie wir das Leben betrachten. Auf dieser Suche geraten viele mit Recht in die Welt des spirituellen Denkens, weil sie scheinbar nur dort die Antworten finden können, die ihnen wirklich etwas zu sagen haben und die ihr Herz ansprechen. Sie betreten damit manchmal eine völlig neue Welt, eine Welt, die ihnen vorher vollends unbekannt war. Doch das Bedürfnis nach Antworten auf die Frage nach dem Tod brachte sie dazu. In der Tat kann man auch sagen, dass die Liebe zum Verstorbenen sie dazu bringt. Denn gerade weil sie sich noch mit dem Verstorbenen in Liebe verbunden fühlen, wollen sie wissen: „Wo ist unser Geliebter jetzt? Wie verläuft sein oder ihr weiterer Weg auf der anderen Seite des Todes, und wie können wir uns jetzt, da uns der Tod von unserem Geliebten getrennt hat, auf eine neue, andere Weise mit unserem geliebten Partner verbinden?“ So wird der Tod unseres geliebten Menschen zu einer Herausforderung, die uns auf Wege lenkt, die wir anders niemals entdeckt und betreten hätten. In meinem Buch „Begegnungen im Lichtreich – Der Umgang mit Verstorbenen", das ich gemeinsam mit Margarete van den Brink verfasst habe, habe ich beschrieben, welche Antworten die alte christliche Tradition auf die Frage nach dem Tod gibt. Mit großer Dankbarkeit habe ich feststellen dürfen, wie viele Menschen gerade in dieser alten Tradition die Antworten fanden, nach denen ihr Herz hungerte und mit denen sie getröstet weiterleben konnten.

WO BIST DU?

Deine Augen sind geschlossen,
Die Lippen starr und kalt,
Deine Hände gefaltet.
Doch du, wo bist du?

Dein Körper – kalt und tot,
Reglos und unbewegt.
Du bist es, doch eigentlich
Bist du es nicht mehr.
Was du warst, ist gegangen.
Deinen Geist, deine Seele,
Gibt es nicht mehr.

Wo bist du nun?

Ich sehe wohl dein Schweigen,
Dennoch höre ich deine Stimme.
Dein Gesicht ist eine Maske,
Doch ich sehe dein Lächeln.
Ich sehe – du bist tot,
Doch in meinem Herzen
Lebst du noch ganz und gar.

2. DAS KANN DOCH NICHT WAHR SEIN…

EINE FILMKAMERA

Der Tod eines geliebten Menschen ist ein solch einschneidendes Ereignis, dass anfangs meist gar nicht oder kaum bis zu uns durchdringt, was nun eigentlich passiert ist. Dies ist natürlich vor allem dann der Fall, wenn die Person unerwartet stirbt, beispielsweise an einem Herzinfarkt, infolge sinnloser Gewalt oder durch ein Verkehrsunglück. Wir hören zwar, was uns etwa über den Unfall oder den kriminellen Anschlag berichtet wird, oder wir sehen sehr wohl, dass unser geliebter Mensch einen Herzanfall erlitten hat und gestorben ist, doch auf die eine oder andere Weise dringt es nicht wirklich zu uns durch. Unsere erste Reaktion ist dann häufig so etwas wie: „Das kann nicht wahr sein, das ist doch nur ein böser Traum."

Doch auch wenn unser geliebter Mensch nach einer (kurzen) Krankheit stirbt, ist manchmal unsere erste innere Reaktion: „Es kann nicht wahr sein, dass unser geliebter Mensch gestorben ist." Sicherlich, wir sehen sehr wohl, dass es wahr ist, wir sehen den leblosen Körper unseres geliebten Mitmenschen und können es doch auf die eine oder andere Weise noch nicht begreifen. Wir erwarten – obgleich wir wissen, dass dies eigentlich nicht sein kann –, dass unser geliebter Partner sich plötzlich wieder aufrichtet und zu lachen beginnt. Wir hoffen gegen alle Vernunft, dass er plötzlich ins Zimmer gelaufen kommt und uns erzählt, dass es nur ein böser Traum war, ein schlechter Scherz.

Wir glauben im unerwartetsten Moment, seine Stimme zu hören. Wir halten inne, um zu lauschen, um uns sogleich zu vergegenwärtigen, dass der andere ja gestorben ist und gar nicht mehr mit uns sprechen kann. Wir hören, dass eine Tür aufgeht und denken: „Das ist er oder sie." Vom Verstand her wissen wir, dass der andere gestorben ist und folglich niemals mehr durch die Tür hereinkommen wird, doch unser Herz kann es nicht begreifen und fassen. Wenn wir endlich in den Schlaf sinken, wachen wir am nächsten Tag mit dem Gefühl auf: „Es ist etwas ganz Schlimmes passiert, was war das denn gleich?" – und im selben Moment wird uns bewusst, was geschehen ist. Sogleich brechen das ganze Chaos, die Ohnmacht, der Kummer und die Unsicherheit mit aller Macht über uns herein. Es kann noch sehr lange dauern, dass wir beim Wachwerden denken: „Was war gleich wieder geschehen?" – und dann, mit einem Mal, überrollen uns all die dunklen Gefühle wie eine Springflut.

Nur wenn der Tod als Befreiung kommt, wenn eine lange, schmerzhafte Krankheit dem Tod vorausging, so dass wir letztendlich den Tod als Befreiung begrüßt haben – nur dann tritt kaum das Gefühl auf: „Das kann doch nicht wahr sein." Dann haben wir vielmehr das Gefühl einer tiefen, wortlosen Stille in uns, das von einem gewissen Frieden herrührt – trotz und nach all dem Kummer – und empfinden sogar in gewisser Weise ein Gefühl von Dankbarkeit, weil ein schmerzhaftes Leiden, das wir unserem geliebten Menschen nicht ersparen konnten, zu Ende gegangen ist. Man kann sagen, dass wir in solchen Situationen einen Teil des Trauerprozesses bereits im Verlauf der Krankheit des geliebten Menschen durchlaufen. Das Gefühl „Das kann doch nicht wahr sein" wurde schon während dieser Phase, im Verlauf des langen, langen Weges der Angst und des Kummers, den man damals gegangen ist, durchlebt. Doch in den meisten anderen Situationen überfällt uns während des Trauerprozesses zuerst das Gefühl: „Das träume ich alles nur. Das passiert nicht wirklich."

Dann kann das Gefühl des „Das kann doch nicht wahr sein" anfänglich ein paar Stunden dauern, aber auch einige Wochen anhalten. Dieses Gefühl verursacht eine gewisse Erstarrung, als seien wir in gewisser Weise ein Automat, und so handeln und reagieren wir auch automatisch. Diese Haltung und Erstarrung haben auch zur Folge, dass wir während des Begräbnisses oder bei der Einäscherungsfeier im Krematorium nicht weinen können. Wir sind noch nicht bei unseren Gefühlen angekommen, sondern stecken immer noch in der Phase des „Das kann doch nicht wahr sein" fest. Angehörige sagen dann oft: „Was war er/sie doch tapfer." Aber in Wirklichkeit hat dies nichts mit Tapferkeit zu tun, sondern mit Ungläubigkeit: „Das kann doch nicht wahr sein, was da jetzt alles geschieht..."

Mit diesem Gefühl der Ungläubigkeit geht auch eine gewisse Gefühllosigkeit einher. Man nimmt alles wahr, was geschieht, selbst die kleinsten Details. Wir sehen, wie die Menschen uns anschauen, wir sehen ihre Verwirrung und Unsicherheit. Wir sehen den Sarg, seine Farbe und Form, wir nehmen diese Bilder in allen Einzelheiten in uns auf. Wir hören, was bei der Beerdigung oder der Einäscherungsfeier gesagt wird, und alle diese Worte legen wir in unserer Seele ab, doch auf die eine oder andere Weise dringen diese Worte nicht wirklich zu uns durch. Alles, was wir sehen, alle Bilder, nehmen wir auf, als seien wir eine Filmkamera. Wir empfinden jedoch bei all dem, was wir sehen – nichts. Daher vergießen wir ganz zu Anfang auch keine Tränen. Wir sind noch zu sehr erschüttert, zu geschockt, als dass zu uns durchdringen könnte, was nun wirklich geschehen ist. Das Gefühl, eine Filmkamera zu sein, kann ziemlich lange andauern; und es bedeutet, dass wir in dieser ersten Zeit nach dem Tod eines geliebten Menschen eine endlose Menge an haarscharfen Bildern in uns aufnehmen, die als eine Art „inneres Fotoalbum" fungieren. Später kommen alle diese Bilder meist zurück; dann werden wir endlos auf unseren inneren Bildschirm zurückgreifen und sie betrachten. Noch später werden wir bei all den Bildern auch beginnen, etwas zu fühlen. Dann können auch allmählich ganz vorsichtig die ersten Tränen fließen, dann können wir anfangen, uns unseren Kummer und die Tiefe unseres Verlustes bewusst zu machen. Doch anfangs ist dies gewöhnlich zu viel, und es werden alle Gefühle 'weggesperrt'.

In gewissem Sinn ist unsere Seele ein weises Wesen. Sie weiß, dass wir jetzt nicht imstande sind, alles gefühlsmäßig zu durchleben, was in den ersten Tagen auf uns zuströmt. Daher sperrt unsere Seele den Wasserhahn unserer Gefühle ab. Sie sind sehr wohl da, sie steigen nur nicht in unser Bewusstsein auf, sondern bleiben zunächst in der Tiefe unserer Seele verborgen. Erst später lässt unsere Seele es zu, dass diese Gefühle hochkommen und uns bewusst werden. Dann nämlich, wenn unsere geistigen Kräfte ausreichen, um die Heftigkeit und Intensität dieser Gefühle zu ertragen. An diesem Geschehen können wir etwas von der Stille und der inneren Führung erkennen, die ich bereits erwähnt habe.

Elisabeth Kübler-Ross hat in ihrem Buch „Lektionen für Lebende" über die verschiedenen Stadien berichtet, die ein Sterbender durchläuft. Was geschieht mit einem Menschen, der die Nachricht erhalten hat, dass er nicht mehr lang zu leben hat, dass keine Heilung mehr möglich ist? Das erste Stadium, das der Sterbende durchläuft, ist laut Kübler-Ross das Stadium der Negierung. Der Sterbende hat die Mitteilung sehr wohl erhalten, dass er nicht mehr lange zu leben hat. Doch irgendwie dringt diese Botschaft nicht wirklich zu ihm durch. Ich selbst erlebte mit, dass jemand, der ein paar Stunden zuvor die Mitteilung bekommen hatte, dass er nur noch einen oder zwei Monate zu leben habe, kurze Zeit später ganz enthusiastisch begann, mir von einem Urlaub zu erzählen, den er in den Sommermonaten des folgenden Jahres mit seiner Familie in Venedig verbringen wollte. Ich weiß noch gut, wie erschüttert ich seiner enthusiastischen Erzählung lauschte – ich wusste ja, dass er im nächsten Sommer nicht mehr leben würde, und ich wusste auch, dass er das selbst wusste – bis es zu mir durchdrang, dass der Mann die Nachricht des Krankenhauses sehr wohl gehört, sie jedoch einfach ignoriert und verdrängt hatte. Diese Verleugnung ist übrigens eine begreifliche Reaktion; denn erst wenn ein Mensch innerlich die geistigen Kräfte gesammelt hat, um diese tiefgreifende Nachricht verarbeiten zu können, lässt unsere Seele diese auch wirklich bis in unser tiefstes Wesen dringen. Die Phase der Verleugnung durch die Seele hat folglich eine gewisse Schutzfunktion. Was wir noch nicht verkraften können, wird vorläufig verleugnet oder verdrängt.

Ein vergleichbares Stadium erkennen wir auch beim Verarbeiten des Todes eines geliebten Menschen. Die Phase des „Das kann doch nicht wahr sein" ist eine Phase, die eine gewisse Erstarrung, Gefühllosigkeit und ein roboterhaftes Handeln aufweist. Man kann diese Phase auch – analog zur Diagnose, die ein Sterbender erhält – die „Phase der Verleugnung" nennen.

WARUM?

Wenn sich die erste Erstarrung ganz vorsichtig zu lösen beginnt, treten auch die Fragen an die Oberfläche. Vor allem die Frage, wie das Tragische geschehen konnte. „War der Arzt im Krankenhaus auch wirklich aufmerksam und hat nicht das falsche Medikament gegeben? Hat er die Krankheit nicht sorgfältig genug untersucht? Hätten wir den Herzinfarkt nicht schon vorhersehen und so allerhand Vorsorgemaßnahmen ergreifen können, wodurch dieses furchtbare Drama hätte abgewendet werden können? Oder wir denken: „Haben wir immer wieder etwas gesagt, womit wir unseren geliebten Menschen verletzten?" Um uns anschließend auch verzweifelt zu fragen: „Warum tat er/sie das auch, warum hatte er/sie nicht auf uns gehört? Dann wäre das tragische Unglück auch nicht passiert." Der Tod unseres geliebten Menschen – besonders, wenn er völlig unerwartet eintrat – ist so unbegreiflich, dass wir nach Ursachen suchen. Es muss doch ein Grund zu finden sein, warum dies geschehen ist. Es ist uns in dieser Phase nicht möglich zu akzeptieren, dass hierfür kein irdischer Grund zu finden ist. Es scheint ganz so, als würden wir es nur dann – ganz allmählich – akzeptieren, wenn wir dem Ganzen eine deutliche Ursache zuordnen können. Daher gehen wir, sobald die Frage auftaucht, wie dies denn geschehen konnte, auf die Suche nach deutlich zuzuordnenden Ursachen. Es dürfte auf der Hand liegen, dass hierbei insbesondere Ärzte ziemlich büßen müssen. Denn sie hatten doch, denken wir uns, sehen können oder müssen, dass ein Herzinfarkt drohte. Sie hätten doch, wenn sie nur noch eine weitere Untersuchung gemacht hätten, der Krankheit viel früher auf die Spur kommen können. Wenn sie früher etwas herausgefunden hätten, wäre das Unglück vielleicht noch zu vermeiden gewesen. Jeder Tod ist anders, und so ist auch die Art und Weise, wie die Hinterbliebenen nach einer Ursache forschen, anders. Doch die Suche nach einer Ursache ist eine Phase, die viele durchmachen, nachdem die erste Erstarrung, die Gefühllosigkeit und die roboterhafte Reaktion langsam durchbrochen werden.

Diese Suche nach einer Ursache scheint übrigens eine unerlässliche Phase zu sein, denn erst viel später, wenn der Hinterbliebene diese Phase durchlaufen hat, kann der Augenblick kommen, wo er innerlich akzeptiert: „Was auch immer der Grund oder die Ursache war, tut eigentlich gar nicht so viel zur Sache, denn ich habe zu akzeptieren, dass der andere niemals wieder zurückkommen wird und ich ohne ihn weiterleben muss."

Wenn Menschen eine solche Phase der Suche nach den Ursachen durchmachen, hat es nicht sehr viel Sinn, wenn die Angehörigen versuchen, die Ärzte – oder wer auch immer die Schuld für den Tod des geliebten Menschen in die Schuhe geschoben bekommt – zu verteidigen. Es ist der Hinterbliebene selbst, der zu dem für ihn richtigen Zeitpunkt zur Einsicht kommen muss, dass die Frage nach der Ursache eigentlich nicht so viel zur

Sache tut, weil der Tod des geliebten Menschen nicht mehr ungeschehen zu machen ist. Wir können auch niemanden vorzeitig zu einer Einsicht bringen, die jeder sich nur langsam, mit der Zeit, bewusst machen kann.

Anders, und viel schwieriger und schmerzhafter, liegt der Fall, wenn dem Ganzen ein Täter deutlich zuzuordnen ist. Wenn beispielsweise jemand infolge sinnloser Gewalt ermordet wurde. Dann ist es verständlich, dass sich alle Ohnmacht, Wut und Aggression auf den Täter richten. Der innere Kampf, der dann im Hinterbliebenen tobt, ist stark und heftig. Es erfordert dann einen langen, langen Weg des Nachdenkens, der Tränen, der Gefühlsausbrüche und Gespräche mit sich selbst und mit anderen, bis man den Täter so dastehen lassen kann, wie er ist, bis man ihn seinem eigenen Schicksal aus der Erkenntnis heraus überlassen kann, dass das, was geschehen ist, nicht mehr rückgängig zu machen ist.

Der Hinterbliebene wird sich sagen: „Es gibt einen Weg für mich, und das ist der Weg nach vorn, auch wenn es ein Weg in Einsamkeit ist, ohne den anderen, und dieser Weg erfordert nun meine ganze Aufmerksamkeit und meinen vollen Einsatz. Doch selbst jetzt noch lauern im Inneren Gefühle von tiefer Wut auf den Täter und schwappen ab und zu – für den Betreffenden selbst häufig völlig unerwartet – wieder in aller Heftigkeit nach oben, manchmal erst Jahre später.

Es scheint auch oft so, als sei die Suche nach einer Ursache für den Tod eines geliebten Menschen ein unbewusster Versuch, diesen Tod nachträglich ungeschehen zu machen. Während der Zeit der Suche nach einer Ursache hört man immer wieder das Wörtchen „Wenn". „Wenn mein Mann etwas später nach Hause gegangen wäre, wäre er sicher dem entgegenkommenden Wagen nicht begegnet, mit dem er zusammengestoßen ist." Oder: „Wenn meine Frau von den Ärzten früher untersucht worden wäre, wäre ihre Krankheit vielleicht noch zu heilen gewesen." Oder: „Wenn er sich etwas mehr Ruhe gegönnt und nicht immer so viel herumgehetzt wäre, dann hätte er keinen Herzinfarkt erlitten." Wenn..., wenn,... wenn... Wir suchen gleichsam nach Szenarien und Möglichkeiten, um den Tod unseres geliebten Partners nachträglich ungeschehen zu machen. Wir suchen nach Möglichkeiten, um den Film in unserem Kopf im Nachhinein zurückzudrehen und ihm eine andere Wendung zu geben. Damit fahren wir so lange fort, bis wir unserer selbst todmüde geworden sind und langsam erkennen: „Was ich mir auch überlege, es hilft nichts, denn was geschehen ist, lässt sich nicht mehr rückgängig machen. Ich habe jetzt die Wirklichkeit zu akzeptieren, so wie sie ist." Diese Wendung vollzieht sich nicht im Handumdrehen. Sie verläuft mit Holpern und Stolpern, mit Fortschritten und Rückschritten. Doch gerade dieser allmähliche Prozess ist es, den wir den Hinterbliebenen gönnen müssen und nicht wegnehmen dürfen, indem wir mit logischen Antworten daherkommen, wodurch diese sich nur im Stich gelassen und unverstanden fühlen. Denn mit all den „Wenn"-Bemerkungen versucht der Hinterbliebene nur auszudrücken: „Ich kann einfach nicht akzeptieren, was geschehen ist. Ich kann es nicht fassen. Es ist einfach zu schwer für mich zu akzeptieren, dass der andere niemals mehr zurückkommen wird." Hinter allen „Wenn"-Bemerkungen können wir die Verzweiflung vernehmen, die darin verborgen liegt. Wer das begreift und imstande ist, es zu hören, kann auch ruhig reagieren, etwa in der Art wie: „Es ist wirklich nicht zu begreifen, was geschehen ist." Mit solch einer Bemerkung, die dem Schmerz Rechnung trägt und das unterstützt, was der andere eigentlich mit seinem „Wenn..., wenn..., wenn..." sagen will, werden wir auch dem anderen gerecht. Denn wir lassen ihn spüren, dass wir verstanden haben, was der andere wirklich in all seiner Ohnmacht sagen will.

Diese Phase des „Wenn..., wenn..., wenn..." gehört eindeutig zum Abschnitt des „Das kann doch nicht wahr sein" oder der Phase der Verleugnung. Denn das „Wenn..., wenn...,

wenn…“ ist eigentlich der Ausdruck von Ohnmacht und Unvermögen, akzeptieren zu können, was geschehen ist. Es ist ein sinnloser Versuch, das Geschehene nachträglich wieder ungeschehen zu machen.

FRAGEN UND ENTSCHEIDUNGEN

In den ersten Tagen kommen allerlei Fragen und Entscheidungen auf den/die Hinterbliebenen zu, worauf zum Teil schnell eine Antwort gefunden werden muss: „Welcher Text soll auf die Trauerkarte gesetzt werden? Wird es eine Einäscherungsfeier am Krematorium oder eine Erdbestattung sein? Wie muss diese aussehen? Gibt es einen Trauergottesdienst? Falls ja, wie soll er gestaltet sein, und wer hält ihn?“ Eine große Hilfe sind in dieser Situation immer wieder gute Freundinnen oder Freunde und Familienangehörige, die allerhand Aufgaben übernehmen. Für den Hinterbliebenen ist es ganz wichtig, dass er weiß, er kann alle diese Aufgaben ruhigen Herzens anderen überlassen. Er muss jedoch entscheiden, wie alles geregelt werden soll, damit dann die konkrete Umsetzung dieser Entscheidungen anderen überlassen werden kann. Manchmal treten auch Fragen auf wie: „Wie steht es mit dem Geld?“ Wenn der Mann stirbt, ist es für seine Ehefrau wichtig zu wissen, wie die finanzielle Situation aussehen wird, und die Unsicherheit darüber kann manchmal Anlass zur Besorgnis geben. Manche Menschen sehen kommen, dass sie nach dem Tod ihres Partners nicht mehr länger im selben Haus wohnen bleiben können, weil dieses beispielsweise zu teuer ist oder man in einer Dienstwohnung wohnt. Andere fragen sich verzweifelt, wie es gehen soll, die Kinder allein großzuziehen. Allein der Gedanke kann sie so beängstigen, dass sie es kaum ertragen können. Wieder andere sehen sich mit der Tatsache konfrontiert, dass sie die Wohnung des Verstorbenen leer machen und räumen müssen – was zum

Beispiel der Fall ist, wenn der letzte Elternteil stirbt. So gibt es allerhand Fragen und Probleme, die auftauchen und durch die Sorgen, Ängste und Beklommenheit, die mit ihnen einhergehen, dazu beitragen, dass die anfängliche Erstarrung durchbrochen wird. Es muss einfach gehandelt und über die Zukunft nachgedacht werden.

WAS KÖNNEN DIE ANGEHÖRIGEN TUN?

Was kann der Kreis der Angehörigen in dieser Phase für den/die Hinterbliebenen tun? Das Wichtigste in diesen ersten Tagen ist es, Menschen in der Nähe zu haben, die keine Angst vor dem Tod haben und imstande sind, auch in dieser so schwierigen und traurigen Situation aus einer gewissen inneren Ruhe heraus zu handeln. Oft sind dies Menschen, die selbst schon einmal einen geliebten Menschen verloren und durch diese Erfahrung ihre Angst vor dem Tod überwunden haben.

Der engere Umkreis braucht nicht so viel zu sagen. Was soll man auch schon sagen? Eigentlich ist es wichtiger, dass sie tun, was getan werden muss: Essen kochen, für Kaffee und Tee der Besucher sorgen, bei den Vorbereitungen für die Beerdigung helfen oder die Einäscherungsfeier im Krematorium zu organisieren. Das Wichtigste jedoch ist, dass sie dies alles aus einer inneren Ruhe heraus tun, ohne Angst. Der Hinterbliebene wird ohnehin von einem Chaos an Gedanken, Emotionen, Fragen und völlig neuen Erfahrungen überflutet. Daher ist es wichtig, dass es Menschen gibt, die durch ihre innere Ruhe einen Hafen des Vertrauens, einen Ruhepunkt und einen Stützpfeiler für den Hinterbliebenen bilden.

Darüber hinaus ist es wichtig, dass das Umfeld über ein feinsinniges Einfühlungsvermögen verfügt. Helfer dürfen in dieser Phase der Trauer nicht auf billige Weise trösten wollen. In dieser Zeit gibt es keinen Trost, höchstens hier und da einen Halt.

Einmal erzählte mir eine Mutter von der Beerdigung ihrer zwölfjährigen Tochter. Es war schon fünf Jahre her, doch für die Mutter war es noch so nahe, als wäre es gestern gewesen. Sie erzählte, dass ihr eine Bäuerin beim Kondolieren nach der Beerdigung sozusagen zum Trost gesagt hatte: „Du musst nur denken, dass du ja noch zwei Töchter hast." Die Mutter erinnerte sich daran noch ganz genau, und als sie mir die Worte der Bauersfrau wiederholte, wurde sie wieder wütend. „Natürlich habe ich noch zwei andere Töchter, das weiß ich sehr wohl, doch das wog nicht auf, dass ich so verzweifelt nach der einen verlangte, die mir entrissen worden war." Diese Bäuerin hatte sie durch diese unüberlegten und wenig einfühlsamen Worte stark verletzt. Die Mutter fühlte sich im Stich gelassen und so entsetzlich allein mit ihrem Kummer, weil die Bäuerin, mit der sie stets eine sehr freundschaftliche Verbindung gehabt hatte, überhaupt nichts von ihren Gefühlen zu begreifen schien.

Am besten – so befremdend das auch klingen mag – helfen wir dem anderen, indem wir in solchen Situationen offenherzig einzugestehen wagen, dass wir auch keine Antworten haben und selbst nicht wissen, wie wir trösten sollen. Dann fühlt der andere sich in seiner Ohnmacht verstanden – sie wird geteilt. Und gerade diese geteilte Ohnmacht schenkt auf gewisse Weise Trost.

Der Journalist Louis Sinner protokollierte jahrelang, was Krebspatienten erlebten, und später insbesondere, was Kehlkopfkrebspatienten mitmachten. Später erkrankte er selbst an Kehlkopfkrebs! Kurz bevor er – durch Euthanasie – starb, wurde er im Fernsehen interviewt. Während dieses Interviews wurde er gefragt, an welchen Menschen er denn nun selbst während seiner Krankheit eine Stütze gehabt hätte. Seine Antwort lautete ungefähr so: „Den Menschen gegenüber, die alles erklären konnten, empfand ich eine grässliche Abscheu. Die hätte ich aus dem Zimmer hinausjagen können. Doch an den Menschen, die zögerlich und schüchtern hereinkamen und sagten: „Ich weiß gar nicht, was ich sagen soll" und schweigend und manchmal mit Tränen in den Augen an meinem Bett saßen, hatte ich eine gewisse Stütze. Die haben mich getröstet."

Gerade in dieser ersten Phase nach dem Tod eines geliebten Menschen geht es darum, ob wir den Mut haben, mit leeren Händen dazustehen, ohne Antwort, ohne Trost. Derjenige, dem angesichts einer solchen Situation das Wort auf der Zunge erstirbt, der nichts zu sagen weiß und sich hilflos und ohnmächtig fühlt, der teilt wirklich das Leiden und die Ohnmacht des anderen. Dieser Mensch kann ein wirklicher Trost sein. Es stellt gewiss eine schwierige, doch auch eine beeindruckende Lebenslektion dar, dass wir gerade mit unserer Ohnmacht – und nicht mit unseren Antworten – dem anderen ein Trost sein können.

UNTERWEGS

Ein letzter Blick,
Ein letzter Atemzug,
Dann gingst du heim.

Eine leere Hülle,
Dein Körper,
Tot und unbewohnt,
Doch du,
Du bist nicht mehr hier.

Du gingst in eine neue Welt hinein,
Eine körperlose Welt,
Wo es kein Dunkel gibt,
keinen Schmerz und keinen Kummer.

Da wurdest du aufgeweckt,
Umarmt und strahlend begrüßt.
Kein Mensch
Stirbt ja allein.

Du begibst dich
Auf einen neuen Weg,
In ein neues, lichtes Leben
Voll Frieden und voll Liebe.
Ich geb‘ dir all meine Liebe mit
Für unterwegs.

Mein Herz – es ist
Und bleibt bei dir,
Auf ewig.

3. DIE ERSTEN SCHRITTE IM DUNKLEN TUNNEL

EIN FREMDER IM ALLTAG

Die erste Zeit nach dem Begräbnis oder der Einäscherung geht es oft noch geschäftig zu. Allerhand Menschen rufen an oder kommen vorbei. Doch früher oder später werden die Telefonate weniger, und es kommen nicht mehr so viele Besucher. Dann bricht die Zeit an, in der der Hinterbliebene Schritt für Schritt auf sich selbst zurückgeworfen wird und so allmählich ab und zu Zeit findet, die Gefühle zu erfahren, die in ihm leben. Die Geschäftigkeit und Ablenkung, die alle Telefonate und alle Besucher brachten, fallen weg, und der Hinterbliebene hat nicht mehr die Möglichkeit, gleichsam in die Ablenkung „unterzutauchen“. Zum ersten Mal steht er – manchmal nur für einen Augenblick – Auge in Auge mit jenen dunklen Gefühlen, die sich von innen regen.

Manche haben eine Beschäftigung und müssen zur Arbeit. Wenn sie kurze Zeit nach der Beerdigung oder Einäscherung wieder ihrem Beruf nachgehen, finden sie in den Anforderungen, die dabei an sie gestellt werden, sowie in der täglichen Routine einen gewissen Halt. Sie finden darin eine Struktur, die sie davor bewahrt, in diesen vielen schwankenden, chaotischen und düsteren Gefühlen in ihrem Inneren zu ertrinken. Andere haben Kinder, die sie brauchen, für die sie das Essen zubereiten und für die sie früh aufstehen müssen, um sie zur Schule zu bringen. Auch in der Auseinandersetzung mit Erziehungsproblemen finden sie einen gewissen Halt. Am schwierigsten wird es in dieser Phase für diejenigen, die alleinstehend sind und kein Alltagsprogramm, keinen festen Rhythmus haben (der uns durch die Arbeit oder die Verantwortung für andere auferlegt ist), die ihnen helfen, von einem zum nächsten Tag weiter zu leben; denn das ist es für die meisten Hinterbliebenen geworden – ein Leben von einem Tag auf den nächsten. Weiter als einen Tag können sie nicht vorausblicken. Noch immer ist das Erwachen schwer, noch immer überfällt sie beim Erwachen mit einem Schlag die Erkenntnis: „Es ist etwas Schlimmes passiert. Was war das doch gleich wieder?“ Sobald dann die Wirklichkeit über sie hereinbricht, kommt das Gefühl auf: „Wie bringe ich diesen Tag bloß wieder hinter mich?“ Es scheint, als ob sie von einem Tag auf den anderen in einem dunklen Tunnel gelandet sind, in dem sie nicht die Hand vor Augen sehen können. Wenn dem Tod eines geliebten Menschen eine Krankheit vorausgegangen ist, scheint es so, als seien sie Schritt für Schritt in einen dunklen Tunnel hineingegangen, in den kein einziger Lichtstrahl mehr hineinfällt. Gerade darum ist es in dieser Zeit so wichtig, bestimmte Verpflichtungen und Verantwortungen zu haben, vor welchen man nicht weglaufen kann, auch wenn man dies noch so gerne möchte. Auch wenn es einem noch so viel Mühe kostet, den Verantwortlichkeiten und Verpflichtungen nachzukommen, sie verleihen einen sicheren Halt in einer Zeit, in der jeglicher Halt verloren gegangen zu sein scheint. Viele haben die Erfahrung gemacht, dass Arbeit, Verantwortlichkeiten oder Menschen, für die man sorgen muss, ein Segen sind – und viele sagen, dass sie ohne diesen Halt diese düstere Zeit nicht durchgestanden hätten.

Außerdem scheint dieses Leben, allein mit sich selbst und den Gefühlen und Emotionen im Inneren, im Verlauf der Tage eher schwieriger als leichter zu werden. Es kommt dem Betreffenden so vor, als ob ihnen allmählich immer stärker bewusst würde, was eigentlich geschehen ist. Diese wachsende Bewusstheit der Wirklichkeit, der man nicht entrinnen kann, macht das Leben eher düsterer und schwärzer als angenehmer.

Für viele ist es unbegreiflich, dass das gewohnte Leben einfach so weitergeht. Sie lesen ab und zu etwas in der Zeitung – zu mehr als diesem „Etwas" sind sie aber nicht in der Lage, denn sie haben in ihrem Inneren keine Konzentration und keinen Raum dafür – und es befremdet sie, dass das Leben einfach so weitergeht, als sei nichts geschehen. Ihre kleine Welt ist eingestürzt, doch für den Rest der großen Welt scheint es so, als ob nichts geschehen sei.

Dasselbe gilt für das Fernsehen. Auch dort laufen dieselben Programme, dieselben Berichte wie immer, gerade so, als sei nichts geschehen. Der Hinterbliebene fühlt sich als Fremder, als ob er mit einem Schlag aus der gewohnten Wirklichkeit gerissen sei. Alle innere Aufmerksamkeit ist noch vollkommen auf das Geschehene, auf die geliebte Person ausgerichtet, die gestorben ist. Daher ist es auch ganz schwer, Aufmerksamkeit für all die „trivialen Dinge" aufzubringen, über die andere reden. „Was bedeuten denn alle diese Dinge, um derentwillen sich die Menschen so viel Stress bereiten, verglichen mit dem Verlust eines geliebten Menschen? Wie kann man sich noch Stress wegen eines neuen Autos machen, wie kann es sein, dass Menschen sich wegen des Wetters aufregen? Ob es nun regnet oder ob die Sonne scheint, was macht das schon aus? Worüber veranstalten die Politiker um Himmels willen so viel Streit?" So wächst eine Kluft zwischen dem Hinterbliebenen und den anderen Menschen. Eine Kluft, die immer mehr, anstelle weniger Raum einzunehmen scheint. Auch diese wachsende Kluft macht das Leben in zunehmendem Maße eher schwerer als leichter.

Logisch denken können viele in solchen Zeiten nicht; denn in ihrem Inneren lagert ein gewaltiger Trümmerhaufen. Allerhand Gefühle wirbeln chaotisch hin und her, ohne dass diese in den Griff zu bekommen wären. Bilder tauchen auf, in endloser Reihe und bunter Abwechslung, ohne dass irgendein roter Faden zu erkennen ist. Nur die Anforderungen, die das Leben, die Arbeit der Menschen um einen herum stellen, bewahren davor, verrückt zu werden. So fühlt es sich jedenfalls für viele an. Es scheint ein Schatten über das Leben gefallen zu sein, der allem – so hat es den Anschein – für immer einen Schleier von Düsternis und Kummer verleiht. Es erwächst das Gefühl: „Das Leben wird niemals mehr so, wie es vorher war." So durchleben viele die erste Zeit nach dem Verlust ihres geliebten Partners.

Wärme, menschliche Wärme, ist für einige von ihnen gefährlich. Andere dagegen suchen sie gerade, ohne sie jedoch jemals in ausreichendem Maße zu finden. Es gibt ja keinerlei menschliche Wärme, die wirklich vor der Düsternis im Inneren und vor der Kälte dieses Verlustes beschützen kann. Die Ursache, warum manche Menschen geradezu Angst vor der Wärme haben, hängt damit zusammen, dass sie, wie sie selbst berichten, weinen müssen, sobald jemand liebevoll zu ihnen ist. Durch die Liebe, die ihnen entgegengebracht wird, werden der Schmerz und der Kummer spürbar. Sie wollen auch gar nicht weinen, sie wollen tapfer sein und versuchen, „wie gewohnt" weiterzuleben. Außerdem haben sie Angst vor den Emotionen des heftigen Kummers in ihrem Inneren. Diese sind so heftig, dass sie Angst haben, darin zu ertrinken, wenn sie durch die Wärme der Worte eines Mitmenschen berührt und zum Leben erweckt werden.

Das Vorangegangene macht vielleicht verständlich, warum viele Menschen in der heutigen Zeit buchstäblich unter Kälte leiden. Es ist so, als ob sie gar nicht mehr warm werden könnten, als ob die Kälte bis auf die Knochen durchgedrungen wäre. Wer Angst vor der Wärme hat, weil sie ihn verletzbar macht, oder wer nicht mehr genug Wärme finden kann, um sich selbst vor dem tiefen Kummer zu schützen, dem ist kalt. Einige Hinterbliebene erzählten, dass sie manchmal zähneklappernd im Bett lagen und, obgleich es noch Sommer war, eine Wärmflasche oder eine elektrische Heizdecke brauchten, um zumindest ein wenig warm zu werden. Sie erzählten auch, dass es ganz lange dauerte, bis dieses Gefühl von Kälte wieder verschwand.

BEDEUTSAME ERINNERUNGEN

In dieser ersten Zeit dringen auch Erinnerungen ins Bewusstsein – vor allem Erinnerungen an die letzten Tage oder die letzte Zeit, bevor der geliebte Mensch verstarb. Man hört immer wieder, was er/sie sagte. Man sieht immer wieder, wie er/sie schaute. Man versucht, so zu lauschen und so zurückzublicken, dass man hören und sehen kann, was hinter den Worten und dem Blick verborgen lag. Klang in seinen Worten etwas von einer Ahnung oder einem Wissen durch, dass der Tod bald kommen würde? Lag in seinem Blick etwas von dem gewissen Frieden verborgen, mit dem er soeben von uns ging? Wusste er/sie Bescheid? Lag in seinen Worten eine stille Botschaft für uns verborgen, die wir nicht direkt bemerkt hatten? Eine Botschaft, für die wir jetzt erst langsam, im Nachhinein, ein waches Ohr bekommen? Wir redeten die letzten Tage oder die letzte Zeit mit Menschen, die zu Besuch kamen oder die wir am Telefon sprachen. In all diesen Gesprächen versuchten wir etwas aufzuspüren, was uns bisher entgangen war. Seltsamerweise geschieht es häufig, dass die Hinterbliebenen zu der Schlussfolgerung kommen, der Verstorbene habe vom bevorstehenden Abschied etwas gewusst – oder vielleicht unbewusst etwas gespürt, selbst wenn dieser Abschied vollkommen unerwartet kam. Dann stellt sich beispielsweise heraus, dass er vor seinem Tod die Buchhaltung völlig in Ordnung gebracht hatte, was sonst nie geschah. Als ob er unbewusst das Gefühl hatte, dass es diesmal wichtig war, die Buchhaltung rechtzeitig in Ordnung zu haben. Oft haben diese Art von Signalen, die wir erst im Nachhinein langsam zu verstehen beginnen, etwas mit „Aufräumen" zu tun; so als ob alles aufgeräumt sein müsste, damit der „Weg ins Jenseits" beginnen konnte.

Doch zurückblickend können es auch bestimmte Bemerkungen sein, die unser geliebter Partner uns gegenüber äußerte, aus denen wir nun eine bestimmte Botschaft heraushören. Vielleicht hatten wir beispielsweise „zufällig“ eine Woche vor seinem Tod ein Gespräch mit ihm geführt, in dem er sagte, dass wir, falls jemals etwas passieren sollte, nur keinen Kummer empfinden sollten, weil wir doch immer miteinander verbunden bleiben würden, was auch geschehen möge. Vielleicht hatte der andere sich auch „zufällig“ bei uns in einem Gespräch für all das bedankt, was wir ihm bedeutet hatten. Oder …

Zurückblickend gibt es so viele Worte, so viele Gebärden, so viele Blicke, die uns nun bedeutungsvoll erscheinen – erfüllt mit einem tieferen Sinn, den wir vorher nicht bemerkt hatten, doch der sich nun, im Lichte all dessen, was geschehen ist, zu zeigen beginnt. Natürlich ist es gut möglich, dass wir in diesen Erinnerungen zu viel an Bedeutung suchen. Doch auch das Gegenteil kommt oft vor, dass es für uns allmählich deutlich wird, inwiefern unser geliebter Verstorbener etwas von dem gewusst oder gespürt hatte, was bevorstand.

Für einige, die mit diesen Vorahnungen, dass Menschen unbewusst genau wissen, wann sie sterben werden, auch wenn der Tod vollkommen unerwartet eintritt, nicht vertraut sind, scheint dies alles vielleicht abwegig. Es erscheint sogar von sehr weit hergeholt und unsinnig, im Nachhinein in diese Erinnerungen, Worte und Bilder eine tiefere Bedeutung hinein zu interpretieren. Ich selbst durfte in der Zeit, in der ich als Pfarrer im Krankenhaus arbeitete, die Erfahrung machen, dass beispielsweise Kinder unbewusst, doch unfehlbar wussten, ob sie von ihrer Krankheit wieder genesen oder daran sterben würden. Dies kam in den Zeichnungen, die sie anfertigten, in den Gedichten oder Fantasiegeschichten, die sie schrieben, oder auch in den Träumen, von welchen sie erzählten, zum Ausdruck. Und es stimmte immer!

Von diesen Kindern habe ich gelernt, wie stark das unbewusste Wissen in uns lebt und wie sehr wir in den tieferen Schichten unserer Seele auf den Tod vorbereitet werden, auch wenn dieser unerwartet eintritt.

Außerdem entdeckte ich, dass nicht nur Kinder über dieses unbewusste Wissen verfügen, sondern dass dasselbe Wissen auch im Erwachsenen lebt. Aufgrund dieser vielen Erfahrungen und aufgrund all der Forschungen, die auf diesem Gebiet schon vorgenommen worden sind, bin ich tief davon überzeugt, dass jeder Mensch unbewusst genau weiß, wann er oder sie sterben wird. Dieses Wissen kommt oft in verschiedenen Formen zum Ausdruck. Daher ist es auch nicht befremdlich, wenn Hinterbliebene im Nachhinein in bestimmten Bemerkungen und Handlungen eine tiefere Bedeutung ablesen, als sie es vorher taten. Beim Zurückblicken in die Zeit vor dem Tod und beim Rückblick auf das, was damals gesagt wurde und geschah, sucht der Hinterbliebene gewissermaßen nach Spuren dieses unbewussten Wissens. Das Merkwürdige daran ist, dass es einen gewissen Trost zu bieten scheint, wenn man diesem unbewussten Wissen auf die Spur kommt. Als ob der Tod dadurch weniger rätselhaft würde, weniger unbegreiflich und sogar eine gewisse Logik aufgrund des unbewussten Wissens des Verstorbenen erhielte.

Doch blicken wir darüber hinaus auch zurück auf uns selbst. Haben wir selbst auch unbewusst vorausgeahnt, was geschehen würde, und können wir das noch zurückverfolgen? Ich selbst erinnere mich an das letzte Mal, als ich meinen Bruder sprach, bevor er unerwartet an einem Herzinfarkt verstarb. Er stieg in den Lift ein und fuhr damit nach unten. Obgleich dieses Ereignis nun schon dreißig Jahre zurückliegt, sehe ich mich selbst noch heute durch das kleine Fenster im Lift nach ihm blicken, sehe noch, wie er seine Hand hochstreckte, und fühle noch, was ich damals fühlte – dass dieses Bild auf die eine oder andere Weise ganz bedeutungsvoll war. Ich begriff nicht, warum es bedeutsam war. Nur meine Seele wusste es und nahm daher dieses Bild haarscharf in sich auf, um es für immer zu bewahren. Später sah ich darin ein unbewusstes Wissen von mir – oder besser von meiner Seele. Daher lebt dieses Bild immer noch in mir weiter. So blicken viele Hinterbliebene auf ihre eigenen Erinnerungen zurück, um zu sehen, ob sie darin einer gewissen Vorahnung auf die Spur kommen können. Natürlich haben solche Erfahrungen und Gefühle keinerlei echte Beweiskraft. Für Außenstehende sind sie obendrein oft nicht recht überzeugend. Doch für den Betreffenden sind solche Erfahrungen sehr vielsagend, aus einem tiefen Wissen der Seele heraus, weil diese auf die eine oder andere Weise darauf hinzudeuten scheinen, dass der Tod nicht zufällig eintrat, sondern – auch wenn wir es nicht begreifen – in einen größeren Plan eingefügt ist.

Die Hinterbliebenen gehen auf unterschiedliche Art und Weise mit diesen Signalen des unbewussten Wissens um. Einige glauben, dass der Tod das Ende aller Dinge ist und sind daher ganz erstaunt über die Signale, die auch sie zu bemerken glauben, doch sie messen diesen anfangs keine Bedeutung bei. Wobei es jedoch oft vorkommt, dass diese Signale später doch eine gewisse Auswirkung haben, weil der Hinterbliebene gerade durch diese Signale Schritt für Schritt anders über den Tod nachzudenken beginnt als vorher. Doch auch dies hängt von der persönlichen Lebenseinstellung jedes Menschen ab. Bei anderen Menschen sind diese Signale ein Zeichen – und in gewisser Weise auch ein Beweis – für das, was sie schon vorher zu wissen meinten: Der Tod ist nicht das Ende, sondern nur der Übergang in eine andere Dimension, eine andere Ebene des Lebens. Sie betrachten diese Signale dann als Zeichen aus einer größeren Welt als die, welche für unsere Sinnesorgane zugänglich ist, aus einer Welt, die nur aus unserem inneren Wissen, aus der Tiefe unserer Seele zu uns zu sprechen beginnen kann. So unterscheidet sich auch die Art und Weise, wie die Hinterbliebenen mit diesen Signalen umgehen, stark voneinander. Doch es bleibt die Tatsache, dass viele Hinterbliebene während des Trauerprozesses sehr wohl ein inneres Gefühl für diese Signale entwickeln, die sie jetzt erst, aus der Erinnerung heraus, zu bemerken beginnen.

ZWEI GÄNZLICH UNTERSCHIEDLICHE ARTEN VON TRAUERPROZESSEN

Die Art und Weise, wie wir Menschen den Verlust eines geliebten Mitmenschen verarbeiten, kann ganz unterschiedlich sein. Einige haben das Bedürfnis, viel über den geliebten Menschen zu sprechen, um allerlei Erinnerungen heraufzuholen – manchmal aus dem Bedürfnis heraus, um den anderen gleichsam wieder zum Leben zu erwecken, als ob der andere noch greifbar anwesend wäre. Andererseits kommt man dann auch immer wieder zu der schmerzlichen Feststellung, dass der andere nicht mehr lebt und auch nicht mehr in dieses Leben zurückkehren wird. Doch dies ist eine Wahrheit, die nur ganz langsam in die Seele durchzudringen vermag. Noch immer gibt es ja jene Augenblicke, in welchen man glaubt, den anderen hereinkommen zu hören. Noch immer sieht man jemanden auf der Straße laufen, der dem geliebten Menschen ähnelt, und einen Moment lang taucht der Gedanke auf, wie eine aufflackernde Flamme von Hoffnung: „Das ist er/sie."

Andere Menschen – oft sind es Männer, jedoch nicht ausschließlich – können es einfach nicht verkraften, über den verstorbenen Partner zu sprechen. Darüber zu sprechen, bedeutet für sie, Emotionen zu berühren, die sie ganz und gar nicht zu bewältigen vermögen. Daher meiden sie solche Gespräche. Sie verarbeiten den Kummer weitgehend allein, in der hintersten, verborgensten Kammer ihrer Seele. Sie finden gelegentlich in der Stille der Natur, beim Wandern oder Angeln, aber auch in der Musik, beim Schreiben von Gedichten und Texten, oder in der Malerei eine Möglichkeit, ihren Kummer zu verarbeiten und ihm in ihrem Inneren Raum zu geben. Es hat keinen Sinn, sie anzusprechen und ihnen zu sagen, dass es besser ist, über den Verlust zu sprechen, weil es erleichternd ist, darüber zu sprechen – denn dies erleichtert sie nicht. Es bewegt sie emotional so stark, dass sie ihre eigenen Emotionen zu fürchten beginnen. Jeder Mensch reagiert auf einen Verlust so, wie er es bei bestimmten Problemen oder Gelegenheiten immer getan hat. So haben wir alle unsere ganz individuelle Art des Verarbeitens entwickelt, und die eine ist im Prinzip nicht besser als die andere. Persönlich empfinde ich dann auch nicht das Bedürfnis, ein Urteil auszusprechen und zu sagen, dass jemand, der viel spricht, leichter und besser durch den Trauerprozess hindurchgeht als jemand, der das im Stillen tut, ohne (viel) zu sprechen. Gefährlich und besorgniserregend wird es erst, wenn jemand fortwährend auf der Flucht ist, fortwährend auf der Hut, um seinen eigenen Gefühlen davonzulaufen. Eine Zeit lang muss das alles nicht schlimm sein, doch wenn es zur bleibenden Haltung wird und jemand nirgendwo Ruhe findet, außer bei harter Arbeit und ständiger Beschäftigung, dann läuft er Gefahr, im Trauerprozess stecken zu bleiben und sich von sich selbst zu entfremden.

Diese verschiedenen Verarbeitungsmuster können Probleme bereiten, wenn etwa ein Ehepaar ein Kind verliert und die Mutter darüber sprechen will, der Vater aber nicht. Dann finden sie aneinander keinerlei Stütze beim Verarbeiten ihres Kummers. Die Mutter fühlt sich im Gegenteil in solchen Situationen häufig von ihrem Mann im Stich gelassen und gehemmt, denn wenn er anwesend ist, kann nicht über ihr geliebtes Kind gesprochen werden, das gestorben ist. Der Mann seinerseits fühlt sich allein und im Stich gelassen, weil seine Frau nicht mit ihm eine Ablenkung sucht und sich nicht gemeinsam mit ihm in allerhand Tätigkeiten stürzt. Aus diesen Gründen liegt die Ehescheidungsrate kurz nach dem Tod eines Kindes bedeutend über dem Durchschnittswert. Eine derart unterschiedliche Verarbeitungsweise eines Verlustes kann eine Ehe verständlicherweise nur dann verkraften, wenn wirkliche Verbundenheit, echte Liebe und wahrer Respekt zwischen den Eltern bestehen, die stärker sind als die Gefühle von Einsamkeit und von Im-Stich-Gelassen-Sein während des Trauerprozesses.

Es kommt übrigens oft vor, dass eine Mutter endlos reden möchte, ein Vater aber nicht. Wir sollten dies jedoch nicht als „typisch Frau" oder „typisch Mann" abtun, denn es kann auch umgekehrt sein. Es hängt einerseits von der Art und vom Charakter ab, andererseits aber auch von der individuellen Vorgeschichte einer Person, wie sie einen Trauerprozess durchlebt.

DIE ERSTEN EMOTIONEN WERDEN SPÜRBAR

Die erste Zeit nach dem Begräbnis oder der Einäscherung, die Zeit, die ich als „die ersten Schritte im dunklen Tunnel" bezeichnete, ist die Phase, in der die anfängliche Erstarrung und Gefühllosigkeit zu brechen und allerhand Emotionen spürbar zu werden beginnen. Verzweiflung, Angst davor, wie es weitergehen soll, ein schmerzliches Gefühl von Verlust und Kummer, ein Gefühl von Einsamkeit, das Gefühl, ein Fremder unter vielen anderen Menschen zu sein, für die die Welt wie gewohnt weiterläuft, als sei nichts geschehen, manchmal Schuldgefühle, Zorn und Wut – dies alles kommt in einer fremden und unverständlichen Mischung an Gefühlen hoch. Jeden Tag wieder treten diese Gefühle auf, jeden Tag aufs Neue müssen wir sie durchstehen.

Ich verglich dies einmal mit der Bohrmaschine eines Zahnarztes – der Bohrer dreht sich in unserem Schneide- oder Backenzahn ständig um die eigene Achse. Doch mit jeder Drehung gerät der Bohrer wieder ein Stückchen tiefer in den Zahn hinein, bis letztlich der Nerv getroffen ist. Es ist ein Glück, dass es beim Zahnarzt eine Betäubung gibt! So verhält es sich auch mit den gemischten Gefühlen, die während der ersten Phase des Trauerprozesses hochkommen. Es sind jeden Tag dieselben Gefühle, es ist immer wieder dasselbe fremdartige Wirrwarr und das gleiche Chaos. Doch es scheint so, als würden diese Gefühle stets heftiger werden, stets schwerer zu ertragen sein; als kämen wir der nackten Wahrheit immer näher – unser geliebter Partner ist gestorben, und nichts kann dies ungeschehen machen. Wir haben es zu akzeptieren, ob wir es nun wollen oder nicht. So setzen wir jedesmal wieder aufs Neue einen Schritt vorwärts in den dunklen Tunnel. Dabei können wir uns kaum vorstellen, dass dieser Tunnel je ein Ende hat. Es ist vielmehr so, dass wir uns, je weiter wir kommen, desto weniger vorstellen können, ob an seinem Ende jemals Licht auftauchen wird.

DIE KLEIDER UNSERES GELIEBTEN PARTNERS

Im Schrank hängen in dieser ersten Zeit noch immer die Kleider unseres geliebten Partners. In seinem Zimmer steht sein Bett, und wir finden dort die ganzen persönlichen Dinge, mit welchen er sich umgeben hatte. Es gibt Menschen, die ab und zu sogar an den Kleidern ihres geliebten Menschen riechen. Doch der Geruch kann so viel Sehnsucht auslösen, dass der Kummer und das Gefühl des Verlustes nur noch stärker werden. Manche erzählen, wie sie sich ab und zu mit persönlichen Dingen ihres geliebten Menschen in der Hand ertappen. In einem solchen Augenblick erinnern sie sich wieder daran, warum er dies gekauft und wie er sich daran erfreut hatte.

Manche Menschen räumen die Kleider und die persönlichen Dinge ihres geliebten Menschen ziemlich schnell nach dem Begräbnis oder der Einäscherung weg. Es bereitet ihnen viel zu viel Schmerz, stets damit konfrontiert zu werden. Daher hilft das Vorhandensein all der Habseligkeiten und Kleider ihnen nicht in ihrem Kummer – im Gegenteil. Andere wollen die Kleider und Habseligkeiten absichtlich lange aufbewahren, um so wenigstens noch etwas Greifbares von ihrem geliebten Menschen um sich zu haben. Auch hier gilt, dass das eine nicht besser ist als das andere, sondern wir auch hier auf die Stimme unseres Herzens lauschen sollten.

WAS KÖNNEN DIE ANGEHÖRIGEN IN DIESER PHASE TUN?

Es ist wichtig, dass die Angehörigen für den Prozess Verständnis aufbringen, den der Hinterbliebene durchläuft, und daher auch für die Tatsache, dass es anfangs eher schwerer wird als einfacher. Sie können dem anderen beistehen, indem sie bereit sind, den Geschichten zuzuhören, die der Hinterbliebene erzählen will. Sie können helfen, indem sie bereit sind, dieselbe Geschichte immer wieder anzuhören, auch wenn sie sie schon beinahe auswendig kennen. Vroman sagt in einem bekannten Gedicht über den Krieg: „Komm heute abend, um mir zu erzählen, wie der Krieg verschwunden ist, und dann erzähl' es mir noch hundert Mal. Jedes Mal werde ich wieder weinen." Geschichten über einschneidende Ereignisse müssen endlos oft erzählt werden. Jedes Mal bleibt es wichtig, diese Geschichte erneut zu wiederholen, denn nur so dringt die Wirklichkeit durch, nur so kann der Hinterbliebene sich Schritt für Schritt bewusst werden, dass es sich wirklich um einen Abschied handelt und nicht nur um einen bösen Traum. Durch das Sprechen, durch das wiederholte Erzählen kann der Hinterbliebene sich die neue Wirklichkeit bewusst machen.

Außerdem erhalten die Geschichten, die von Erinnerungen an den Verstorbenen handeln, mit der Zeit eine neue Funktion. Waren diese Erzählungen in gewisser Hinsicht vielleicht auch dazu bestimmt, den Verstorbenen zurückzuholen, gleichsam in die Wirklichkeit zurückzurufen, so erhalten sie nun auch allmählich den Aspekt der Erkenntnis des individuellen und einzigartigen Wesens des Verstorbenen: „Wer war er oder sie eigentlich? Welche Ideale hatte sie? Welche besonderen und einzigartigen Eigenschaften hatte er? Was hat er/sie eigentlich für andere Menschen bedeutet? Was hat er/sie auf dieser Erde als etwas Einzigartiges und ganz Individuelles zurückgelassen?" Alle diese Fragen stellen sich nun im Rahmen einer Erleuchtung, einer zunehmend klareren Wahrnehmung dessen ein, wer der andere eigentlich war. Auch dazu können Angehörige beitragen, indem sie ihre eigenen Erinnerungen erzählen und dabei behilflich sind, nach der besonderen und individuellen Bedeutung zu suchen, die der Verstorbene hatte.

Denjenigen, die nicht reden wollen, können wir auf eine andere Weise beistehen, durch einfache kleine Zeichen der Herzlichkeit und des Mitgefühls. Jeder kann selbst überlegen, welche kleinen Geschenke dem anderen als Zeichen von Mitgefühl gut tun. Angehörige sollten auch bedenken, dass es schön ist, wenn sie dies eine Weile durchhalten, auch wenn der andere nicht oder kaum auf die Herzlichkeiten reagiert. Der andere kann sie meist nur schwer erwidern, weil er seine Gefühle verborgen hat und damit noch nicht umgehen kann. Daher kann er auch nur schwer auf unsere Herzlichkeiten eingehen. Dennoch bedeuten diese ihm meist sehr viel!

Worauf die Angehörigen vor allem achten müssen, ist, dass sie nicht vorzeitig zu trösten beginnen oder mit tröstenden Bemerkungen kommen, mit denen der andere nichts anfangen kann – wie wahr vielleicht das, was sie sagen, auch sein mag. So wird man beispielsweise sagen können, dass dem Verstorbenen viel weiterer Schmerz und Leiden erspart geblieben sind. Doch eine solche Bemerkung kann bei dem anderen Verärgerung und Ablehnung erregen, in der Art wie etwa: „Das kann wohl alles wahr sein, aber ich kann ihn nicht entbehren, und es tut so unglaublich weh, dass ich ihn nicht mehr bei mir habe, begreifst du das denn nicht?“ Meist wird so etwas natürlich nicht ausgesprochen, doch es wird gedacht! Der Hinterbliebene hört also ganz genau, was man sagt. Das erfordert von den Angehörigen, dass sie zunächst gut auf den anderen hören und sich einfühlen in das, was wirklich in ihm vorgeht – denn dann kann man Dinge sagen, die sich dem anschließen, was der andere innerlich erlebt. Ein weiser Mensch sagt die Dinge, die sich der Erlebniswelt des anderen anschließen, und beschränkt sich darauf.

Fromme Sprüche können in dieser Phase auch ganz falsch ankommen. Beispielsweise: „Der andere ist jetzt bei Gott und lebt dort im Licht.“ Das kann hundertmal wahr sein – und für mich selbst ist das auch die ureigenste Wahrheit – und doch kann es für den anderen in dieser Phase wie ein Fluch klingen, weil gegenwärtig noch aller Nachdruck auf dem Schmerz und dem Verlust liegt. Es ist noch kein Raum da, um wirklich innezuhalten und den „Weg ins Jenseits“ zu sehen, den der geliebte Verstorbene nun auf der anderen Seite des Todes begonnen hat. Erst wenn dieses Wissen im anderen selbst aufzubrechen beginnt, wenn es dort auf seine individuelle Weise Ausdruck findet, dann kann es zu einer tiefen Wahrheit reifen. Doch solange der andere dort noch nicht angelangt ist und ein offenes Ohr dafür hat, ist es nicht sinnvoll, darüber zu sprechen

AUF DER REISE

So wundersam:
Mein Herz kann dir
Ein bisschen folgen
Auf deiner Reise.

Warst du anfangs,
In den ersten Tagen,
Noch ganz nah –
Ich hörte dich sprechen,
Ich sah dich laufen –
Später schwebtest du
Weiter weg von mir,
Und ich konnte Dir
Immer schwieriger
Folgen.

Ich merke:
Du reist immer weiter
Weg von mir,
Du reist dem Licht
Hoch droben entgegen.
Ich spüre den Abstand
Wachsen – das tut weh.

Doch ich weiß:
Je weiter du kommst,
Desto strahlender das Licht,
Desto intensiver der Friede,
Desto stärker die Liebe.

Geh – und gehe mit Gott.
Das ist mein höchster,
Mein tiefster Wunsch.

4. MITTEN IM TUNNEL

DEPRESSION

Der dunkle Tunnel – je weiter man darin vorwärts kommt, desto mehr wird einem bewusst, dass es keine Zukunft mehr gibt, jedenfalls keine, die man sehen oder an die man glauben könnte. Man fühlt sich nur noch vom Kummer beherrscht, vom Verlust und von all den wechselnden Emotionen tiefster Verlassenheit, des Aufbegehrens, des Fragens nach dem Warum und dem Gefühl, ein Außenseiter der Gesellschaft zu sein. Es gibt nur noch die Vergangenheit, in die man zurückblickt und von der man immer mehr begreift, dass sie eine verlorene Vergangenheit ist, die niemals mehr zurückkommt. *Man ist nur noch auf die Vergangenheit ausgerichtet, und es gibt noch keine Zukunft – so kann man diese dunkle Zeit zusammenfassen.* In dieser Situation kann man nichts anderes tun, als zu versuchen, es im Dunklen auszuhalten – mit der bangen Frage im Herzen, ob am Ende des Tunnels jemals Licht aufschimmern, ob man jemals wieder glücklich sein wird. Jetzt kann man es sich noch nicht vorstellen, doch vielleicht, vielleicht hält es das Schicksal doch noch für uns bereit.

Manche, die das Bedürfnis haben, oft über den gegangenen geliebten Partner zu sprechen, kommen früher oder später zu der Erkenntnis, dass ihnen das Sprechen nicht wirklich weiter hilft. Sie erkennen immer mehr, dass die Menschen, mit welchen sie über ihren Lieben sprechen, nicht wirklich begreifen und mitfühlen (können), wie schmerzlich dieser Verlust ist. Wenn sie sich dessen selbst allmählich bewusst werden, beginnen sie auch, sich nach einem solchen Gespräch meist unzufriedener zu fühlen als zuvor, so als hätte das Gespräch ihre

Einsamkeit noch verstärkt, anstatt sie zu erleichtern. Es kann nämlich sehr schmerzhaft sein, wenn man mit jemandem über die ergreifendsten Erfahrungen und Gefühle im Leben spricht, dann aber feststellen muss, dass das, was man eigentlich sagen will, gar nicht wirklich bis zum Gegenüber durchdringt. Gerade dann kann man sich sehr allein fühlen. Dies hat zur Folge, dass die meisten Menschen früher oder später immer weniger über ihren geliebten Partner und den schmerzlichen Verlust sprechen und immer introvertierter werden. Beim einen kann dies zwei Jahre dauern, bei einem anderen geschieht es viel schneller. Dies ist ein Prozess, den viele Menschen, die selbst einen Verlust erlitten haben, wiedererkennen, wenn er ihnen bei anderen begegnet.

Auf halber Strecke im Tunnel wird das Gefühl von Einsamkeit stärker. Man merkt, dass Gespräche nichts (mehr) helfen, dass man auf einmal mit seinen innersten Gefühlen ganz allein dasteht und die Menschen um einen herum so wenig davon begreifen. Man merkt, wie man ein wenig Angst vor den Menschen entwickelt, denn womit diese sich befassen, interessiert einen nicht, und wovon das eigene Herz überquillt, darüber kann man immer weniger sprechen. Man fragt sich, welchen Sinn das Leben noch hat. Selbstmordgedanken sind keine Seltenheit. Bemerkenswerterweise scheint die Selbstmordrate nach dem Verlust eines geliebten Menschen nicht oder kaum zuzunehmen. Doch ergibt sich aus einer Studie, dass Witwer während der ersten sechs Monate nach dem Tod ihrer Frau häufiger sterben. Es kommen etwa 40% mehr Todesfälle unter Witwern vor als im statistischen Durchschnitt unter Erwachsenen. Das ist eine auffällige Tatsache. Offensichtlich sind diese Männer durch den Verlust ihrer Frau depressiv, sorgloser und leichtfertiger geworden. Es ist ihnen einerlei, was mit ihnen geschieht. Durch den Verlust hängen sie nicht mehr am Leben, sehnen sich oft heimlich sogar nach dem Tod und kommen dadurch auch öfter zu Tode.

So ist die Zeit mitten in diesem düsteren Tunnel in der Tat eine äußerst depressive Zeit. Auch ist es merkwürdig, dass viele erst später erkennen, wie depressiv sie selbst damals waren, was jedoch in jener Zeit nicht oder nur unbewusst zu ihnen selbst durchdrang. Vielleicht ist das auch eine Form von Selbstschutz; denn wenn man erkennt, wie depressiv man eigentlich gerade ist, ist die Wahrscheinlichkeit höher, dass man sich von der depressiven Stimmung mitreißen lässt, anstelle sie als eine Übergangsphase in ein anderes, hoffentlich besseres Leben zu betrachten. Nicht umsonst gestehen sich viele Menschen erst im Nachhinein ein, dass sie in dieser dunklen Zeit bis an die äußerste Grenze des menschlich Ertragbaren gegangen sind. Damals waren sie vollkommen mit dem täglichen Überlebenskampf beschäftigt. Erst später konnten sie mit einem gewissen Abstand erkennen, wie es wirklich war. Mehrere Male habe ich Menschen mit gewissem Erstaunen in der Stimme erzählen hören, dass sie in jener Zeit in der Mitte des dunklen Tunnels unter einer Depression litten, die sie bis an den Abgrund geführt hatte.

SCHULDGEFÜHLE

Natürlich gehen die Gedanken stets wieder zurück zum geliebten Verstorbenen. Anfangs kreisten die Gedanken und Erinnerungen hauptsächlich um seine letzte Zeit auf Erden und um die Frage, wie und warum denn alles geschehen konnte, wie es geschehen ist. Hinzu kam die Suche nach einem Grund, was vielleicht in jenen Tagen falsch gelaufen war. Später reichen die Erinnerungen weiter zurück, und es steigen oft auch Schuldgefühle auf. Anhand von Bildern tauchen alte Erinnerungen auf und damit auch die Fragen, die sich bei ihrer Betrachtung stellen. „Warum habe ich damals so und so reagiert; und warum habe ich damals auf jene Weise gehandelt? Warum hatte ich ihm/ihr damals soviel Schmerz bereitet?“ Weil das Geschehene niemals wieder gutgemacht werden kann, kommen unsere Unzulänglichkeiten in der Beziehung mit dem lieben Verstorbenen unverhüllt und in aller Schärfe zum Vorschein. Diese Schuldgefühle können sehr belastend sein und lange Zeit nachwirken.

Wenn man über diese Gefühle mit anderen spricht, hilft einem ihre Antwort meist nicht weiter; denn die meisten Menschen reagieren mit der Bemerkung, man habe damals nun einmal nicht anders handeln können. Sie geben ihr Bestes, um Schuldgefühle zu mindern und zu zerstreuen. Doch dies ist nicht so einfach. Sie bestehen beharrlich weiter, was auch immer andere sagen mögen. Wir müssen als Angehörige diese Schuldgefühle der Hinterbliebenen ernst nehmen und dürfen sie nicht einfach wegdiskutieren; denn was geschehen ist, lässt sich nicht mehr ungeschehen machen, niemals mehr. Man kann den anderen auch nicht mehr um Entschuldigung bitten.

Für Menschen, die eine innere Verbindung zu Gott haben, besteht die Möglichkeit, diese Schuldgefühle in einem Gebet Gott vorzulegen und ihn um Vergebung zu bitten. Doch das geht erst dann, wenn man zunächst diese Schuld bis auf ihren Grund durchlebt hat und ernstnimmt. Dann, wenn man selbst nicht mehr weiter kommt, kann man alles in einem Gebet Gott übergeben und die Schuld in seine Hände legen. So vermag man diese Schuldgefühle wirklich loszulassen. Für Menschen, die über keine innere Verbindung zu Gott verfügen, liegt der Fall erheblich schwieriger. Bei ihnen beobachtet man oft, wie diese Schuldgefühle verdrängt werden und in einem verborgenen Teil der Seele erhalten bleiben, bis sie mit sicherer Regelmäßigkeit wieder nach oben kommen.

Bei diesen Schuldgefühlen spielt auch die Tatsache eine nicht unbedeutende Rolle, dass wir stets die Neigung haben, den geliebten Verstorbenen als besser anzusehen, als er in Wirklichkeit war. „Einem Toten sagt man nichts Schlechtes nach“, lautet ein Sprichwort, und so handeln und reagieren wir auch oft. Es fällt uns sehr schwer zu erkennen, dass der andere bestimmt kein Heiliger war, sondern mit Sicherheit auch seine Fehler hatte. Wir neigen dazu, die Fehler für all das, was falsch gelaufen ist, vor allem bei uns selbst zu suchen. Solange wir ein so einseitiges Bild vom anderen haben, werden auch diese Schuldgefühle schwer auf unserer Seele lasten. Wenn es uns gelingt, den anderen mehr und mehr als den zu sehen, der er wirklich war, werden wir die Schuld für das, was schiefgelaufen ist, weniger einseitig bei uns selbst suchen, sondern in der Lage sein, die Unzulänglichkeiten in der Beziehung als etwas zu betrachten, woran beide Schuld trugen.

Damit stoßen wir auf eine weitere wichtige Facette des Trauerprozesses. Es ist wichtig, nach der anfänglichen „Verherrlichung" unseres verstorbenen Partners, diesen mehr und mehr so zu sehen, wie er/sie wirklich war – als einen Menschen mit guten und liebenswerten Eigenschaften, aber auch als einen Menschen mit seinen problematischen Seiten. Dieser Prozess, sowohl den anderen als auch uns selbst allmählich so zu sehen, wie wir in Wirklichkeit waren, ist nicht bequem; denn es erfordert, uns selbst ehrlich zu betrachten. Wir dürfen uns selbst nicht düsterer oder schlechter, jedoch auch nicht besser sehen, als wir wirklich waren. Es erfordert auch, es zu wagen, mit derselben Ehrlichkeit über unseren verstorbenen Partner nachzudenken. Daher macht der Bewusstwerdungsprozess im Hinblick darauf, wie wir selbst uns gegenüber unserem lieben Verstorbenen verhielten und wie jener sich uns gegenüber verhalten hatte, einen bedeutenden Teil des Trauerprozesses aus.

Gerade bei diesem Prozess können andere uns helfen. Wir können sie fragen, wie sie den Verstorbenen gesehen und erlebt haben, und ob sie dies so ehrlich wie möglich sagen möchten. Wenn dies liebevoll geschieht, können auch weniger gute oder weniger angenehme Seiten des anderen genannt werden. Solche ehrlichen Gespräche können helfen, sowohl den anderen als auch sich selbst allmählich ehrlicher und unverfälschter zu sehen. Daran erkennen wir, inwieweit ein Trauerprozess in bestimmter Hinsicht auch ein Bewusstwerdungsprozess ist und inwiefern ein Verständnis für den anderen auch zu Selbsterkenntnis verhilft.

Dieser Prozess ist auch für uns selbst bedeutsam. Er kann uns helfen, ungerechtfertigte Schuldgefühle loszulassen. Er kann uns helfen, den anderen allmählich so zu sehen, wie er wirklich war; und je mehr wir dazu in der Lage sind, desto leichter können wir ihn oder sie auch loslassen. Darüber hinaus hilft uns dieser Prozess auch, zu mehr Selbsterkenntnis zu gelangen. Allein schon deshalb ist es wichtig, uns mit Liebe, Einfühlungsvermögen, Mut und Ehrlichkeit diesem Klärungsprozess zu widmen. Ein solcher Prozess nimmt bei manchen Menschen nicht nur Monate, sondern sogar Jahre in Anspruch.

Doch ist dieser Prozess auch aus einem anderen Grund wichtig. Nach meiner festen Überzeugung macht der Verstorbene in der geistigen Welt die gleiche Art von Bewusstwerdungsprozess durch wie ihn die Hinterbliebenen hier auf Erden durchleben. Wenn das stimmt, dann ist es ganz bedeutsam, dass der Bewusstwerdungsprozess bei unserem lieben Verstorbenen und beim Hinterbliebenen hier auf Erden gleichsam parallel verläuft und wir gemeinsam, der eine hier auf Erden, der andere in der geistigen Welt, Schritt für Schritt zur (Selbst-) Erkenntnis gelangen. Unsere Bewusstwerdung hier auf Erden wirkt nämlich bis in die geistige Welt und fördert dort den Erkenntnisprozess, den unser verstorbener Partner durchlebt. Umgekehrt ist es aber auch so, dass die Erkenntnisse des Verstorbenen in der geistigen Welt auf unsere Prozesse hier auf Erden einwirken. Wenn wir uns also hier auf Erden mit Liebe und Ehrlichkeit der wachsenden Erkenntnis zuwenden, wie unser Verhalten wirklich war, wie der andere war und wie wir selbst waren, dann ist dieser Prozess eine Hilfe und ein belebender Impuls für den Verstorbenen in der geistigen Welt! Allein aus diesem Grund ist es so wichtig, diesen Prozess in Angriff zu nehmen!

Eigentlich ist es ganz merkwürdig, wenn man zu erkennen beginnt, wie wir unserem Partner auch jetzt, da er gestorben ist und in der geistigen Welt lebt, noch helfen und beistehen können. Es beginnt dann nämlich die Erkenntnis zu dämmern, dass das Band der Liebe bestehen bleibt und nicht mit dem Tod zerrissen wird. Dieses Band der Liebe nimmt lediglich eine neue Form an, weil es sich jetzt nur noch um ein geistiges Band handelt.

Dies klingt für jemanden, der mit diesen Erkenntnissen nicht vertraut ist, vielleicht befremdlich; doch wir können uns auf gewisse Weise sehr wohl vorstellen, wie diese andere, neue Verbindung funktioniert. Angenommen man hatte einen Konflikt mit jemandem oder es gab verschiedene unausgesprochene Probleme miteinander, die eine Beziehung abkühlen ließen. Wie schön ist es dann, wenn man in einem bestimmten Moment mit dem anderen diese Probleme besprechen kann. Wenn man dann merkt, dass der andere dafür ebenso offen und bereit ist, wie man selbst und sich selbst und seinen persönlichen Anteil bei diesem Konflikt ehrlich betrachten will, dann lösen sich diese Probleme im Handumdrehen in Luft auf, und die Abkühlung in der Beziehung ist mit einem Mal vorbei. Ist der andere jedoch nicht bereit, zuzuhören und offen und ehrlich zu reden, sondern sagt er hingegen: „Das ist alles deine Schuld!", dann bleibt man noch lange Zeit mit einem unschönen Gefühl zurück und trägt diesen Konflikt und das abgekühlte Verhältnis noch lange mit sich herum. So stellen wir fest, wie wichtig es ist, wenn man gemeinsam Dinge aussprechen kann. In gewisser Weise funktioniert es genauso, wenn ein Verstorbener und ein Hinterbliebener jeweils auf ihre eigene Weise und in ihrer eigenen Welt – der eine auf Erden, der andere in der geistigen Welt – zu der Erkenntnis und Bewusstheit kommen und ehrlich vor dem anderen aussprechen, was noch unausgesprochen blieb. Man kann tatsächlich nachträglich aussprechen, was uns, rückblickend betrachtet, im Magen liegt. Man kann aussprechen, worin man, rückblickend betrachtet, selbst den anderen übervorteilt hatte, und aussprechen, wo man sich selbst benachteiligt oder im Stich gelassen fühlte. Dies kann durch ein einfaches Ritual geschehen, etwa in einem Brief, den man an einen geliebten Verstorbenen schreibt, in dem alles so sorgfältig wie möglich ausgesprochen wird. Wenn dies ohne Vorwürfe geschieht, nur mit Liebe und Verständnis, und man diesen Brief dann laut vorliest, geschieht wirklich etwas!

Man bittet eine einzige vertraute Person, an diesem Ritual teilzunehmen. Man stellt ein Foto des geliebten Verstorbenen auf, entzündet eine Kerze, spricht gemeinsam ein Gebet und liest dann den Brief vor. Man bittet um Vergebung und spricht aus, was man dem anderen vergeben will. Anschließend beendet man das Ritual mit einem weiteren Gebet und/oder einem schönen Text, den der Verstorbene schätzte, und bläst die Kerze wieder aus.

Sie werden erleben, welche Erleichterung Ihre Seele dadurch erfährt. Es ist ganz so, als hätte wirklich eine Versöhnung und Erleuchtung stattgefunden, und als könne man den anderen wieder unbefangen in die Arme schließen. Im geistigen Sinne geschieht dies auch!

Das Ergreifende daran ist, dass man sich durch diese Form der Hilfe für den Verstorbenen – und für sich selbst – gleichzeitig der neuen Art und Weise bewusst wird, in der man fortan mit ihm verbunden ist. Je mehr man sich dieses neuen, anderen Bandes bewusst wird, desto mehr wird es mitten im dunklen Tunnel allmählich wieder Licht, wie beim ersten Lichtstrahl in der dunklen Nacht.

DIE SUCHE

Für viele beginnt in dieser tiefsten Dunkelheit des Tunnels erst richtig die Suche nach dem, was der Tod eigentlich bedeutet. In Wahrheit begann diese Suche schon früher, doch erst jetzt, da wir im Tunnel weiter vorwärts gekommen sind, nimmt die Notwendigkeit der bewussten Suche zu. Wir benötigen Antworten, mit denen wir weiterleben können, und wir sind bereit, alle unsere Seelenkräfte einzusetzen, um diese Antworten auch wirklich zu finden – und zwar die Antworten, die uns innerlich überzeugen und von welchen wir das Gefühl haben, dass sie wirklich zu unserem Seelenfrieden beitragen. Die Suche beginnt meist damit, dass wir uns einfach nicht vorstellen können, unsere Lieben nie mehr wiedersehen zu können. Alle Gefühle in unserem Herzen sträuben sich gegen diese „Gedanken". Wir können uns nicht vorstellen, dass keine einzige Verbindung mehr zu unserem geliebten Verstorbenen bleibt und der Tod wirklich das Ende von allem bedeutet. Doch wenn der Tod nicht das Ende ist, was ist der Tod dann? Gibt es einen Himmel – gibt es eine Hölle? Diese Fragen werden durch die Tatsache verstärkt, dass viele Menschen in irgendeiner Weise Kontakte zu Verstorbenen erleben, etwa mittels Träumen.

Sie träumte, sie läge im Bett. Plötzlich stand ihr Mann neben ihrem Bett. Er hatte den schönen Anzug an, den sie kurz vor seinem Tod noch für ihn gekauft hatte. Lächelnd sagte er: „Du hast Glück, auf der anderen Seite des Todes geht das Leben ganz normal weiter." Er schaute leicht verlegen, als fühlte er sich ertappt. Im Traum verstand sie auf einmal den Grund: Als er noch lebte, hatte er von einem Leben nach dem Tod nichts wissen wollen. Für ihn war der Tod einfach das Ende. Dann sagte er: „Ich habe es hier sehr gut, ich bin glücklich hier." Nochmals blickte er sie an. In seinem Blick las sie seine bleibende Liebe zu ihr. Dann verschwamm seine Gestalt, und sie erwachte; doch diesmal nicht missmutig, sondern mit einem freudigen Gefühl.

Für diese Frau war die Begegnung mit ihrem Mann im Traum so lebensecht, dass sie sie wie eine wirkliche Begegnung erlebte. Es war für sie mehr als ein Traum. Es war für sie in gewisser Weise Ausdruck einer anderen, höheren Wirklichkeit. So erlebte sie es. Daher war dieser Traum für sie auch ein glückliches Zeichen dafür, dass der Tod nicht das Ende, sondern ein Neubeginn war. Sie hatte diesen Traum mitten im Tunnel, doch genau dieser Traum läutete die entscheidende Wendung in ihrem Trauerprozess ein, wodurch sie nun zum Ende des Tunnels, zum Licht hin weitergehen konnte.

Viele Hinterbliebene erhalten auf die eine oder andere Weise ein Zeichen von ihrem Partner. Meist sind es versteckte Zeichen, aber doch Zeichen. So erzählen einige, dass das Gesicht ihres geliebten Menschen sich eines Tages plötzlich veränderte und zu strahlen begann. Eine Veränderung, die keine Einbildung ist, denn viele haben sie erlebt und mir unabhängig voneinander davon berichtet. Andere erzählen, dass sie eines Tages plötzlich den Geruch des Aftershaves ihres Mannes oder des Parfüms ihrer Frau im Haus, im Bad, im Schlafzimmer oder in der Küche wahrnahmen. Sie rochen es deutlich, mehrere Stunden lang, obwohl niemand mit diesem Parfüm oder Aftershave im Haus gewesen war. Mit diesem Geruch erfuhren sie die konkrete Anwesenheit ihres geliebten Verstorbenen. Andere hörten eine innere Stimme, die Stimme ihres Partners oder Kindes, die manchmal so deutlich klang, dass sie selbst nicht wussten, ob diese Stimme nun von außen oder von innen kam. Es war eine Stimme, die eine kurze Botschaft verkündete. Beispielsweise: „Du brauchst keinen Kummer zu haben, ich bin ganz fröhlich." Oder: „Sei nicht so besorgt, ich sorge doch für dich!" Oder: „Mama, ich bleibe bei dir und helfe dir." Natürlich sind die meisten Menschen, die etwas Derartiges erleben, tief bewegt und auf gewisse Weise auch erschüttert, da wir in unserem Kulturkreis nun einmal nicht darauf vorbereitet sind, dass die Toten zu uns sprechen. Doch jeder, der mir von einer solchen Stimme berichtete, war zutiefst davon überzeugt, dass diese Stimme wirklich war, er sie sich dies nicht ausgedacht, phantasiert oder durch sein eigenes Wunschdenken verursacht hatte. Die meisten von ihnen erzählten mir aber auch, dass sie mit niemandem darüber zu sprechen wagten, weil sie fürchteten, dass die Menschen sie nicht ernst nehmen würden, während diese Erfahrung für sie selbst so kostbar war.

So gibt es viele Möglichkeiten, wie wir in unserer heutigen Zeit die Verbindung mit einem Verstorbenen erleben können. Es gibt Menschen, die erzählen, dass er ihnen bei vollem Bewusstsein erschien. Er stand plötzlich, völlig unerwartet, im Raum und übermittelte eine Botschaft. Es gibt laut einer amerikanischen Studie mehr Hinterbliebene, die schon einmal ein Lebenszeichen von ihrem geliebten Verstorbenen empfangen haben, als Hinterbliebene, die noch keines erhalten haben. Dies wiederum besagt viel darüber, wie häufig diese Art von Erfahrung vorkommt, wenn auch nach außen hin nur wenig darüber gesprochen wird.

So habe ich selbst dreimal meinen Bruder nach seinem Tod sehen dürfen.

Vollkommen unerwartet stand er im Zimmer, in ein prächtiges Lichtkleid gehüllt. Das letzte Mal, als er erschien – es war ungefähr ein Jahr nach seinem Tod – zeigte er mir seine rechte Hand. Um seinen Mittelfinger trug er einen goldenen Ring. Daraufhin sagte er: „Dies ist das letzte Mal, dass ich komme. Nun gehe ich für immer.“ Ich war hellwach und bei vollem Bewusstsein, bei allen drei Malen, an welchen er erschien. Später erkannte ich, dass der Ring an seinem Mittelfinger ein Zeichen seiner Genesung war. Er war nun zu dem Menschen geworden, der er eigentlich in seinem tiefsten Wesen war, und er konnte nun in die höheren Lichtwelten weiterreisen. Seine Besuche bedeuteten für mich, dass ich ganz anders über den Tod zu denken begann. Seitdem wärmt mich jedes Mal dieses Licht, in das er bei seinem Erscheinen gehüllt war, wenn ich daran denke.

Solche Erfahrungen, solche Lebenszeichen, die wir auf die eine oder andere Weise von unseren Verstorbenen empfangen, sind es, die uns zum Nachdenken bringen: „Was ist der Tod eigentlich?" Lebt der Mensch denn nach dem Tod doch weiter? Ist der Tod nur eine andere Form von Leben, eines Lebens in einer anderen als der irdischen Dimension?

Nachdrücklich will ich an dieser Stelle betonen, dass solche Lebenszeichen einen offenen Geist erfordern. Unser Denken erhält dabei möglicherweise nicht die Gelegenheit, das, was wir erfahren, rational zu analysieren, obwohl dies die Vorgehensweise unserer heutigen Zeit ist. Wie oft erleben wir etwas Ungewöhnliches und sagen dann mit einem Mal zu uns selbst: „Ach, das bilde ich mir bloß ein." Wer daher in seinem Verstand gefangen ist, bekommt womöglich sogar oft solch ein Lebenszeichen von einem Verstorbenen, rationalisiert dies jedoch in Gedanken weg. Dieses „Wegrationalisieren" kann auch bequem sein, weil die Lebenszeichen aus der geistigen Welt feine spirituelle Botschaften sind, und keine materiellen Nachrichten.

Ich begegne auch manchmal Menschen, die mir erzählen, dass sie so gerne ein Lebenszeichen von ihrem lieben Verstorbenen empfangen würden, wie andere Menschen sie auch erhielten, dass sie jedoch niemals solche Zeichen bekommen hätten. Wenn wir dann jedoch alles besprachen, erzählten sie mir beispielsweise, dass sie eines Abends im Zimmer saßen und sich ganz elend fühlten, als sie, in jenem Moment intensiven Kummers, plötzlich eine sanfte Berührung an ihrer Schulter spürten, so als würde jemand ganz vorsichtig eine Hand auf ihre Schulter legen. In diesem Augenblick empfanden sie mit jener Hand die Anwesenheit ihres geliebten Partners und fühlten sich einen Moment lang getröstet. Doch später begannen sie sich zu fragen: „Habe ich das nun wirklich gespürt, oder habe ich mir das nur eingebildet?“ Sofort übernahm ihr logisches Denken die Oberhand über ihr Empfinden. Sie kamen zu der Schlussfolgerung, dass sie sich alles nur eingebildet hatten, weil eine solche Berührung normalerweise nicht möglich war. Wenn sie mir das erzählten und ich sie darauf hinwies, dass diese Berührung die Art und Weise war, in der sich ihr geliebter Partner mit ihnen in Verbindung setzte, begannen sie es plötzlich zu begreifen und entdeckten ein Geschenk wieder, das sie durch ihr rationales Denken achtlos beiseite gelegt hatten.

Immer wieder, wenn wir ein solches Lebenszeichen empfangen, beginnt erneut dieser Prozess des Nachdenkens, der Besinnung über den Tod. Viele verschlingen in dieser Zeit allerlei Bücher zu diesem Thema. Das eine spricht sie an, das andere nicht. Doch aus dieser Lektüre beginnt ihr Verstand, sich eine persönliche Antwort auf die Frage nach dem Tod zurechtzulegen. Zu ihrem eigenen Erstaunen beginnen viele auch, allerhand Bücher zu lesen, die sie vor dem Tod ihres Partners niemals in die Hände genommen hätten. So geraten sie durch dieses schmerzliche Verlusterlebnis in eine ganz neue Welt und beginnen, sich mit ganz anderen Fragen zu befassen als früher. Für viele Hinterbliebene öffnet sich so in dieser Zeit des Neubeginns eine völlig neue Welt.

Mitten im Dunkel des Tunnels beginnt damit häufig ein Umwandlungsprozess, an dessen Ende ein ganz anderer Mensch steht, als er es war, bevor ein geliebter Partner starb.

UND EWIG WÄHRET DIE LIEBE

Ich weiß: es gibt eine Welt
Jenseits der Schwelle des Todes.
Ich weiß: hinter dem Dunkel
Des Todes wartet das Licht.

Frag‘ mich nicht,
Woher ich das weiß –
Ich weiß es einfach.
In meinem Herzen.
Ich kann es kaum glauben
Und doch ist mein Herz
Sich dessen sicher:
Der Tod ist nicht das Ende,
Er ist nur ein Neubeginn.

Nun weiß ich, dass mein Geliebter lebt
Auch wenn sein Körper tot ist.
Sein Leben auf Erden ist beendet,
Doch er selbst begann
Ein neues Leben,
Voll von Licht und Liebe,
Voll von Frieden.

Ich weiß – die Liebe währet ewiglich.
Die Liebe kann nicht sterben.
Und daher bleiben wir verbunden
In ewiger Liebe.
Und bald, wenn auch ich
Die Schwelle des Todes
Überschreite,
Gehören wir wieder einander.

Denn die Liebe währet ewiglich
Und wird uns immerfort verbinden,
Jetzt und immerdar.

5. ALL DIESE EMOTIONEN…

WUT

Im Laufe der Zeit werden die Emotionen stärker, zumindest wenn man sie nicht verdrängt. Die Neigung hierzu ist jedoch groß. Diese Emotionen sind oft so heftig, dass man sich richtig fürchtet, davon überspült zu werden. „Wenn ich einmal zu heulen und zu schreien anfange, dann höre ich nie mehr auf, dann ertrinke ich darin", sagte einmal jemand. Damit sprach er etwas aus, was viele in dieser Form fühlen. Deshalb neigen sie dazu, diese Emotionen zu unterdrücken. Glücklicherweise ist es oft die Zeit selbst, die dafür sorgt, dass die Mauer, die wir um unsere Emotionen herum errichtet haben, bröckelt, wodurch diese Emotionen dann doch – Schritt für Schritt – eine Möglichkeit bekommen, nach außen zu treten. Das ist auch gut so, denn so lange die Mauer steht, so lange werden wir niemals richtig genesen, niemals wirklich wieder wir selbst werden. So lange werden wir auch niemals mehr wirklich von innen her warm werden; denn die Unterdrückung unserer Emotionen und damit unserer Gefühlswelt bedeutet auch, dass wir für die Wärme, die andere uns geben möchten, unerreichbar werden.

Doch wenn wir uns langsam aus dieser Struktur lösen, können wir von all diesen Emotionen die Gefühle von Wut und des Im-Stich-Gelassen-Seins häufig am schwierigsten hinter uns lassen. Kummer gestehen wir uns meist noch zu – wenngleich selbst das nicht immer – aber Wut? Diese Wut tritt beispielsweise dann verstärkt auf, wenn ein geliebter Mensch seinem Leben selbst ein Ende gesetzt hat. Auch wenn wir vielleicht verstehen, warum sich der andere dazu entschlossen hatte und warum das Leben für ihn unerträglich geworden war, können wir uns doch völlig ohnmächtig und elend fühlen; denn neben unserem rein rationalen Denken gibt es auch unsere Gefühle. Diese Gefühle sind wiederum oft geprägt von Verletztheit und Entrüstung, weil der geliebte Partner mehr an sich selbst dachte als an uns, als er beschloss, sein Leben zu beenden. Es ist wichtig, dass wir uns selbst diese Wut zugestehen, dass wir uns selbst auch das Gefühl zugestehen, im Stich gelassen worden zu sein. So verstehen wir, dass unsere Wut in der Tat ein Zeichen von Liebe ist; denn auf jemanden, der einem nicht am Herzen liegt, kann man nicht böse sein. Dieser Mensch bleibt uns ja einerlei.

Das Merkwürdige ist übrigens, dass uns derartige Gefühle plötzlich überfallen können, von einem Moment auf den anderen – und dass sie aber ebenso schnell wieder verschwinden oder in andere Gefühle umschlagen können, beispielsweise in Kummer. Gerade diese ganze wechselnde Skala von Emotionen ist ein typisches Kennzeichen für den Trauerprozess.

Wut kommt dabei nicht nur bei Selbstmordfällen vor. Tatsächlich tritt sie in der einen oder anderen Form beinahe bei jedem Trauerprozess auf. Das kommt daher, weil wir, geistig betrachtet, bei einem einschneidenden Verlust immer wieder in das Stadium eines kleinen Kindes zurückfallen. Es ist schon befremdlich, dass wir dann auf einmal unser Erwachsensein ablegen und wieder in das Stadium eines Kindes zurückfallen. Ein Kind kennt Wut, wenn es im Stich gelassen wird, auch wenn es noch so viele überzeugende Gründe dafür gibt, weshalb dies so geschehen musste. Für ein Kind zählen diese Gründe nicht, es zählt allein die Tatsache, dass es im Stich gelassen wurde. Ein klein wenig reagieren wir immer wie ein Kind, wenn wir jemanden, den wir schätzen, verlieren. Wir fallen in dieses kindliche Stadium zurück und fühlen uns genau wie ein Kind, das im Stich gelassen wurde, und sind darüber böse. Es ist wichtig, diese Gefühle zu erkennen, sie zuzulassen und sie nicht mit dem Verstand zu verdrängen. Letzteres tun wir jedoch leicht. Wir sagen zu uns selbst, dass es ja nicht wirklich einen Grund dafür gibt, wütend zu sein oder uns im Stich gelassen zu fühlen, denn der andere kann ja auch nichts dafür. Und schon sind die Gefühle von Wut und Im-Stich-Gelassen-Sein weg. Aber sie sind nicht wirklich aufgelöst, sie wurden nur in einen entlegenen Winkel unserer Seele verdrängt, wo sie im Verborgenen weiterwirken. Sie kommen dann auf Umwegen wieder nach oben, indem wir uns beispielsweise wütend auf die Jagd nach aktuellen Zielscheiben machen, seien es Politiker oder wer auch immer. Irgendjemand steht für einen Augenblick im Fokus unserer Wut. Doch auf diese Weise wird man die Wut niemals wirklich los. Um diese Gefühle wirklich abzulegen, ist es viel sinnvoller, von selbst zu akzeptieren, dass man sich nun einmal so fühlt, wie man sich fühlt. Es ist viel sinnvoller, diese Wut und diesen Kummer darüber, dass man im Stich gelassen wurde, bis auf den Grund hin zu durchleben, um sie anschließend auch wieder loslassen zu können. Wir können Gefühle ja erst loslassen, wenn wir sie einmal richtig durchlebt und durchlitten haben. Das ist das Geheimnis des Loslassens.

Sie war fünfunddreißig Jahre alt und hatte vor drei Jahren ihren Mann verloren. Er war plötzlich an einem Herzinfarkt gestorben. Im Verlauf eines Gesprächs darüber sagte sie: „Komisch, Sie sagen, dass man während des Trauerprozesses auch Gefühle von Wut durchlebt. Nun, das stimmt überhaupt nicht, davon habe ich nichts gemerkt.“ Später erzählte sie mir dann, dass sie manchmal über ihre Kinder unbegründet in Wut ausbrach. Auf meine Frage, ob sie das denn auch in anderen Bereichen, nicht nur bei den Kindern, feststellte, dass sie nämlich ohne Grund wütend werden konnte, sagte sie: „Ja, jetzt, da Sie das fragen, stimmt das schon, glaube ich. Auch anderen Menschen gegenüber fühle ich manchmal so ganz plötzlich meine ganze Wut hochkommen. Nur kann ich mich dann meist zurückhal-

ten, und es gelingt mir, mir nichts anmerken zu lassen." Früher, als ihr Mann noch lebte, kannte sie das überhaupt nicht, diese Anfälle von unbegründeter Wut. Erst langsam drang es in ihr Bewusstsein, dass die Gefühle von Wut, die zum Trauerprozess gehören, sich bei ihr als grundlose Wutanfälle zeigten. Sobald sie dies begriffen und erkannt hatte, nahmen diese Anfälle an Intensität ab und verschwanden allmählich wieder. Die Erkenntnis und Bewusstwerdung nahmen den Wutanfällen den Stachel und ließen sie gleichsam in sich zusammenschrumpfen.

Doch neben dieser primitiven, kindlichen Art von Wut gibt es manchmal auch noch andere Wutgefühle. Diese stammen aus dem Vorrat der gemeinsamen Erlebnisse mit dem anderen. Weil wir aber Menschen sind, gibt es zwischen uns und dem anderen, neben allerhand schönen und ergreifenden Dingen, auch immer wieder Punkte, die Schmerzen verursachen und niemals richtig ausgesprochen werden. In fast jeder Beziehung kennt man solche Erfahrungen. Das ist an sich etwas ganz Normales. Doch beim Zurückblicken, wenn die Erinnerungen aufsteigen, können auch die unverarbeiteten und unausgesprochenen Erfahrungen und Gefühle in Form von Wut hochkommen. Auch dabei gilt, dass es wichtig ist, sich diese selbst einzugestehen und sie richtig zu beachten. Denn sie machen uns deutlich, was zwischen uns und dem anderen noch verarbeitet und ausgesprochen werden muss. Wie man das kann, habe ich im vorangegangenen Kapitel dargelegt. Auch bei diesen Gefühlen gilt übrigens, dass wir manchmal die Neigung haben, diese sofort zu verdrängen. Denn es ist doch nicht nett, auf unseren lieben Verwandten, der gestorben ist, wütend zu sein? Wenn wir so mit unseren Gefühlen umgehen, begehen wir wirklich einen Fehler. Wir vergessen dann, dass diese Gefühle in der Tat ein Geschenk sind, weil sie anzeigen, was noch nicht richtig verarbeitet ist und was – aus geistiger Sicht – noch zwischen uns und dem anderen steht. Erst wenn wir diese Gefühle ernst nehmen, können wir sie verarbeiten. Erst dann können wir uns stärker bewusst werden, wie diese Beziehung denn nun eigentlich war. Mit dieser Erkenntnis können wir nicht nur uns selbst helfen, sondern auch dem anderen.

Zu Beginn des Trauerprozesses sind alle diese Gemütsschwankungen, die uns überfallen, ein einziger großer Wirrwarr. Wir haben keine Gewalt über sie, sondern fühlen uns gleichsam wie ihr Spielball. Das macht das Leben auch so schwer. Am einen Tag fühlt man sich ziemlich gut, am nächsten Tag fühlt man sich hoffnungslos und erbärmlich. Diese Gefühle und Stimmungen wechseln von Stunde zu Stunde. Im einen Moment fühlt man sich noch gut, und im nächsten Moment ist alles schwarz und dunkel. Viele Menschen erzählen dann, dass sie es so schwierig finden, in dieser Zeit Termine festzulegen; denn sie wissen niemals, wie sie sich zum Zeitpunkt dieses Termins fühlen werden, und ob sie dann dazu in der Lage sind, die Verpflichtungen, die sie mit diesem Termin eingegangen sind, einzuhalten. Daher machen es viele davon abhängig, in welcher Stimmung sie sind, ob sie beispielsweise mit jemandem zum Essen gehen, mit einem anderen Einkäufe machen oder mit einem Dritten etwas anderes tun sollen. Man kann an diesem einen Beispiel ablesen, wie sehr die Emotionen während des Trauerprozesses den Menschen beherrschen und nicht umgekehrt. Es dauert meist eine lange Zeit, bis er seine Emotionen wieder ein wenig in den Griff bekommt und von ihnen nicht mehr beherrscht wird.

DAS CHAOS BEGINNT SICH ZU ORDNEN

In diesem Wirrwarr an Emotionen entsteht allmählich wie von selbst eine Ordnung. Wir beginnen, sie Stück für Stück zu begreifen und zu sortieren. So gibt es Emotionen in uns, die ganz auf den anderen ausgerichtet sind, etwa der Kummer darüber, welchen Weg dieser beim Sterben beschreiten musste. Wenn dem Tod eines geliebten Menschen eine lange und schmerzhafte Krankheit voranging, können wir begreiflicherweise noch starken Kummer über diesen Leidensweg hegen. Wenn ein Kind stirbt, können wir noch lange Kummer empfinden, weil ein solch junges Leben gleichsam wie eine Knospe im Aufblühen abgebrochen wurde. Obwohl einige Hinterbliebene vielleicht beginnen, in ihrem Inneren immer besser zu verstehen, dass es so und nicht anders gehen konnte und musste; und obgleich sie vielleicht immer besser verstehen, dass das Kind selbst einmal die Entscheidung für dieses kurze Leben getroffen hatte, kann ihnen dennoch der Gedanke Schmerz zufügen, dass ein vielversprechendes Leben so frühzeitig und abrupt beendet wurde. Wir Menschen kennen ja so viele verschiedene und gegensätzliche Gefühle und Emotionen gleichzeitig. Daher kann mit einem wachsenden Verständnis für diesen individuellen und einzigartigen, aber doch so kurzen Lebensweg dieses Kindes der Schmerz darüber, dass dieser so früh und so jäh beendet wurde, ganz gut ertragen werden.

Ihr einziger Sohn war neunzehn Jahre alt, als er bei einem Autounfall plötzlich ums Leben kam. Sie fühlte sich im tiefsten Inneren ihres Wesens erschüttert. „Dies ist viel schlimmer als vor zehn Jahren die Scheidung von meinem Mann“, sagte sie. Sie kümmerte sich um die Beerdigung, regelte alles ganz sorgfältig und blieb danach mit ihrem Kummer, ihren Fragen und ihrer Verzweiflung allein. Sie begann, allerhand Bücher über den Tod zu lesen. Sie musste es wissen. Was ist der Tod? Sie las über Karma und Reinkarnation, sie las über die geistigen Welten und darüber, wie Verstorbene laut den Aussagen verschiedener Autoren weiterleben. Durch diese Bücher und durch alles, was sie darin las, um es in ihrem Herzen zu überdenken, begann sie langsam zu erkennen, dass ihr Sohn einmal selbst, bevor er in dieses Leben auf Erden eingetreten war, diese kurze Inkarnation gewählt hatte. In gewisser Weise verschaffte ihr diese Erkennt-

nis inneren Frieden. „Der Schmerz ist deshalb nicht weniger geworden", sagte sie. „Doch nun verstehe ich besser, warum es so geschehen musste, wie es geschehen ist." Sie war traditionell gläubig erzogen worden. Diese neuen Erkenntnisse bildeten zwar einen Bruch mit ihrer Vergangenheit, „aber", so sagte sie, „eigentlich wusste ich alle diese Dinge schon innerlich, in meinem Herzen. Es ist, als fände ich etwas wieder, das die ganze Zeit über längst in mir lebte, jedoch unbewusst." Manche Mitmenschen dachten, dass sie zu diesen neuen Erkenntnissen gelangte, weil sie mit dem Tod ihres Sohnes nicht anders weiterleben konnte. „Natürlich musste ich eine Antwort erhalten", erwiderte sie. „Ich musste wissen, wo er nun war, und wie es mit ihm weiterging. Doch dies war keine Antwort, die ich mir selbst gab, sondern eine Antwort, die mir von innen geschenkt wurde. Der Friede, den ich durch diesen Kummer gewonnen habe, ist das größte Geschenk, das ich jemals erhalten habe, wenn es auch ein schwieriges Geschenk bleibt."

Während dieser Suche nach einer Antwort auf die vielen Fragen und nach unserem Kummer und all den anderen Gefühlen, die vor allem auf den verlorenen geliebten Menschen gerichtet sind, gibt es in dieser dunklen Zeit auch Gefühle für uns selbst. Der Kummer darüber, dass wir ganz plötzlich allein dastehen; oder der Kummer darüber, dass wir die Wärme und Zärtlichkeit des anderen entbehren müssen und es nun in unserem Leben so kalt geworden ist. Vielleicht ist es die Angst, die aus der Tatsache erwächst, dass wir wirklich nicht wissen, ob wir es schaffen, allein, ohne die direkte Hilfe des anderen, weiterzuleben. Je weiter wir kommen, desto mehr lernen wir, diese verschiedenen Emotionen allmählich zu unterscheiden und zu benennen oder zumindest zu spüren. Diese beginnende Ordnung ist der erste Ansatz, um Schritt für Schritt wieder Meister über unsere Emotionen zu werden und nicht mehr länger ihr Spielball zu sein.

Je weiter wir kommen, desto mehr lernen wir, diese Emotionen zu spüren, beispielsweise die Schwere des Kummers, und unsere Aufmerksamkeit gleich danach wieder auf etwas anderes oder auf einen anderen Menschen zu lenken. Anfangs war dies überhaupt nicht möglich, damals überspülten uns diese Emotionen. Doch nun, da sich ein wenig Ordnung einzustellen beginnt, nun, da wir diese Emotionen allmählich erkennen, begreifen und einordnen, können wir auch langsam wieder ein wenig Augenmerk für etwas anderes – oder jemand anderen – aufbringen. Das ist nicht immer einfach. Denn wenn wir dann wieder mit uns selbst allein sind, werden wir hinterher das Gefühl haben, als hätten wir eine schwere Aufgabe erfüllt, und wir sind froh, wieder mit uns allein zu sein. Dennoch bedeutet die Tatsache, dass wir wieder dazu in der Lage sind, unsere Aufmerksamkeit auf etwas anderes oder jemand anderen zu richten, einen Schritt vorwärts. So beginnt ganz allmählich etwas mehr Licht zu leuchten, wo anfangs nur Chaos herrschte.

(ÜBER-) EMPFINDLICHKEIT

Manche Menschen kennen das Phänomen. Sie haben Grippe, und mit der Grippe tritt eine gewisse Überempfindlichkeit auf, die vorher nicht existierte. Beispielsweise die Überempfindlichkeit gegenüber Lärm. Eine knarrende Tür kann dann buchstäblich in der Seele weh tun. Laut sprechende Menschen lassen sie vor Schmerz zusammenzucken. Es scheint, als sei man in Watte gepackt und lebe in einem anderen, empfindlicheren Bewusstseinszustand als sonst. Dasselbe kann geschehen, wenn wir eine „seelische Grippe" haben – und einen schweren Kummer darf man durchaus als seelische Grippe bezeichnen, wenn das nicht noch zu schwach ausgedrückt ist für das, was wir in dieser Zeit durchmachen. Wenn wir an einer seelischen Grippe leiden, werden wir ebenfalls viel empfindlicher als sonst. Es ist, als würden wir besser denn je empfinden, was andere denken. Wir wissen schon, was der andere gleich sagen wird, noch ehe er den Mund richtig aufgetan hat. Manchmal wissen wir, wer anruft, noch ehe das Telefon läutet. Es fühlt sich an, als seien die Grenzen verschoben, als sei die Beschränkung der Materie nicht mehr länger gültig, als sei man darüber hinaus auch noch empfindsam geworden für größere, andere Dimensionen, die im gewohnten Alltagsleben für uns verschlossen sind.

Diese Empfindlichkeit erfährt nicht jeder während seines Trauerprozesses. Das hängt von verschiedenen Dingen ab, vor allem jedoch von der eigenen Lebenseinstellung. Wenn man immer ein Mensch gewesen ist, der den Fragen und Problemen des Lebens mit dem Verstand entgegengetreten ist, dann wird man dies auch dann tun, wenn man mit einem Trauerprozess konfrontiert ist. Gerade das Denken ist eine Blockade, die einer stärkeren Empfindsamkeit im Wege stehen kann. Wenn man zu diesen Menschen zählt, wird man die erhöhte Empfindsamkeit während des Trauerprozesses nicht so sehr spüren. Doch viele Mitmenschen, die eine andere Lebenseinstellung haben, merken dies sehr wohl.

Diese neue Empfindsamkeit verleiht uns eine ganz besondere Fähigkeit. Sie bewirkt, dass wir in der Lage sind, unseren lieben Verstorbenen auf dem „Weg ins Jenseits" ein wenig zu begleiten. Wir spüren beispielsweise, wie sehr er in den ersten Tagen nach seinem Tod noch anwesend ist. Wie wir dies spüren, ist kaum mit Worten zu beschreiben. Es kommt von der erhöhten Empfindsamkeit, die uns dazu in die Lage versetzt, Welten und Dimensionen zu spüren, die uns vorher verschlossen waren. Wir nehmen vor allem die Anwesenheit unseres Partners wahr, und dieses Gefühl ist mit einer inneren Gewissheit gepaart, die uns niemand zu nehmen vermag. Wir spüren auch, wie er sich nach den ersten drei Tagen etwas weiter entfernt und wir ihn nicht mehr so direkt begleiten können. Seine Anwesenheit ist weniger deutlich ausgeprägt. So können wir Schritt für Schritt, dank dieser Empfindsamkeit, seinen Weg in jener anderen Welt ein wenig erfühlen und begleiten.

Es ist bedauerlich, dass die meisten von uns es in der heutigen Zeit nicht gelernt haben, auf diese Empfindsamkeit zu vertrauen. Daher achten sie auch nicht sorgfältig darauf, was diese Empfindsamkeit uns über den Weg erzählt, den unser Verstorbener auf der anderen Seite beschreitet. Doch wer dies tut und die Feinsinnigkeit aufbringen kann, mit der man die Reise eines geliebten Menschen auf der anderen Seite des Todes begleiten sollte, wird daraus einen gewissen Trost und Mut schöpfen. Wir spüren, wie er Schritt für Schritt auf eine Reise geht, so lange, bis wir ihm nicht mehr folgen können und merken, dass unsere Empfindsamkeit nicht mehr ausreicht, um den Reisenden auf diesem persönlichen „Weg ins Jenseits" zu begleiten. Ist dies der Fall, dann hat jener die höheren, für uns nicht mehr spürbaren Lichtwelten erreicht.

Doch diese Empfindsamkeit weist noch einen anderen Aspekt auf. Man beginnt darauf zu achten, wie sehr aus höheren Dimensionen Hilfe kommt, um diese schwierige Zeit durchzustehen. Oft sagen Menschen hinterher: „Zurückblickend sehe ich, wie sehr ich in dieser Zeit auf wundersame und unbegreifliche Weise Hilfe erfuhr. Zurückblickend sehe ich, dass sich nichts zufällig ereignete, sondern immer im rechten Moment gerade der Mensch auftauchte, den ich brauchte; oder dass ich genau in dem Augenblick, in dem ich es benötigte, ein Buch in die Hand gedrückt bekam, das mir half, etwas von dem zu verstehen, was mich gerade beschäftigte." Manche Menschen berichten auch, dass sie zwar eines Abends allein zu Hause, jedoch eigentlich nicht wirklich allein waren, weil sie irgendwie eine stille, tröstende und wärmende Anwesenheit spüren konnten. Und während sie sich davon noch ganz berührt fühlten, überkam sie plötzlich eine ganz tiefe Ruhe und tiefer Friede. Was war das für eine Präsenz? Wer war dieses Wesen? Ein Engel? Christus? Wer es ist, wissen sie oft nicht, doch sie fühlten mit ganzem Herzen, wie ihnen von höheren Welten Trost und Hilfe übermittelt wurde.

Wenn man sich mitten im Trauerprozess befindet, durchschaut man meist noch nicht, wie sehr man in dieser Zeit geführt und unterstützt wird. Erst später, wenn man wieder eine gewisse innere Ruhe und einen inneren Frieden gefunden hat, erkennt man oft aus dieser inneren Ruhe heraus, was man damals, in diesem Chaos der Emotionen, nicht entdecken konnte – diese geistige Führung. Die Entdeckung dieser Hilfe und Führung bewirkt, dass die Menschen das Leben ganz anders zu betrachten beginnen als vorher. Denn nun wissen sie, dass ein Mensch nicht allein durchs Dunkel geht, sondern in dieser Dunkelheit auf wundersame Weise getragen wird. Dieses Wissen ist es, wodurch sie mit mehr Vertrauen und einer größeren Hingabe zu leben wagen. So kann aus der Tiefe des Kummers heraus ein innerer Gewinn erwachsen.

Nachdrücklich – und für den, der es selbst mitgemacht hat, wahrscheinlich überflüssigerweise – möchte ich noch anfügen, dass dieser innere Gewinn erst später für uns spürbar und erkennbar wird. Wenn wir mitten im Dunkeln sitzen, spüren wir von dieser Führung und Hilfe noch nichts. Daher ist es auch völlig verkehrt, jemandem, der im Dunkeln sitzt, allzu leichtfertig zu sagen, dass er auch dann Hilfe erfährt. Denn in jenem Moment spürt oder erkennt der andere nichts von dieser Hilfe, sondern er erfährt nur die Intensität all dieser Emotionen, die in seinem Inneren toben und so schwer zu ertragen sind.

FLUCHT IN DROGEN

Diese Emotionen sind oft so heftig, dass viele Menschen in einer solchen Phase nach Möglichkeiten suchen, um sich auf die eine oder andere Weise dem damit verbundenen Druck zu entziehen. Neben der Flucht in die Arbeit suchen in einer solchen

Phase ziemlich viele Menschen Zuflucht im Alkohol; denn die Wirkung von Alkohol besteht darin, unsere Emotionen zu dämpfen – und daher fühlen sich etliche Menschen nach ein paar Gläsern Alkohol wohler. Doch leider wirkt der Alkohol nur für kurze Zeit. Am nächsten Morgen kehren diese Emotionen mit all ihrer Heftigkeit zurück. Außerdem hat sich erwiesen, dass immer größere Mengen an Alkohol nötig sind, um den gleichen Effekt, das Dämpfen der Emotionen, zu bewirken. Daher ist die Gefahr groß, dass die Menschen vom Alkohol abhängig und mehr oder weniger zum Alkoholiker werden.

Andere flüchten sich in Tabletten. Sie nehmen Schlaf- oder Beruhigungsmittel. Sie suchen damit den gleichen Effekt – für eine Weile der Heftigkeit der Emotionen zu entrinnen. Sie glauben sogar, in eine Welt flüchten zu können, in der diese Emotionen sie nicht mehr bedrängen. Auch von Tabletten kann man süchtig werden, und nicht wenige müssen sich später einer Entziehungskur unterziehen, um vom Alkohol oder den Tabletten wieder wegzukommen. Ich denke, dass der Hinweis überflüssig ist, dass Alkohol, Tabletten oder andere Drogen keine wirkliche Lösung darstellen. Die Emotionen werden dadurch ja nicht verarbeitet, sondern nur vorübergehend verdrängt. Folglich müssen diese Emotionen später doch aufgearbeitet werden.

Glücklicherweise haben nicht alle Menschen dieses Problem des Abrutschens in Alkohol, Tabletten oder andere Drogen, doch es kommt inzwischen so oft vor, dass es als echte Bedrohung für den Trauerprozess betrachtet werden kann.

SO LEER

So leer von innen,
So schwer und so kalt.
Es scheint, als ob ich selbst
Gestorben bin,
Damals, als mein Liebling starb.
Es fühlt sich so tot an von innen,
Ohne Wärme und ohne Gefühl.

Jeden Tag dasselbe Schauspiel:
Ein Wintertag;
Der Frost wohnt
In meinen Knochen.
Und auch wenn die Sonne scheint –
Erwärmen kann sie mich nicht.

Es gibt keinen anderen Weg
Als durch das Dunkel hindurch.
Es gibt keinen anderen Weg,
Als den der Geduld.
Einst werde ich mich wieder öffnen,
Aber wann – das weiß
Gott allein.

Jeden Tag bitte ich:
Steh' mir bei,
Trage mich in meiner Ohnmacht,
Tröste mich in meinem Kummer,
Gib' mir die Kraft
Um durchzuhalten.

Auf dich hoffe ich,
Auf dich vertraue ich,
Auf dich warte ich.

6. DIE DUNKLE NACHT

Während des Trauerprozesses gibt es immer eine Phase, die man mit den Worten „die dunkle Nacht der Seele" beschreiben könnte. Dieser „dunklen Nacht" hat Johannes vom Kreuz ein Lied und ein Buch gewidmet. Darin beschreibt er den Transformationsprozess des Menschen, der Gott sucht und der, um ihn zu finden, den Kampf gegen sich selbst und das eigene Ego antritt. Wenn ein Mensch diesen Weg ganz bewusst beginnt, so sagt Johannes vom Kreuz, dann gerät er immer in eine Phase, in der er nicht mehr die Hand vor Augen sehen kann und alles kohlrabenschwarz ist. In dieser Zeit steht man völlig allein da. Es gibt niemanden mehr, an den man sich auch nur ein wenig anlehnen könnte. Man hat keinerlei Vorstellung davon, wie es weitergehen soll und wie die Zukunft aussehen wird. Diese dunkle Zeit, in welcher der Mensch jeglichen äußeren Halt verliert, ist die Zeit, in der er lernt, völlig allein auf Gott zu vertrauen. Wenn es keine andere Hilfe gibt und man diese weder bei anderen Menschen noch bei sich selbst finden kann, dann ist die einzige Hilfe, auf die wir noch hoffen können, die Hilfe, die von Gott kommt. Die dunkle Nacht ist damit die Phase in unserem Leben, in der viel an vertrauter Sicherheit und Wahrheit von uns abfällt und in der wir für die Wirklichkeit Gottes empfänglich werden. Damit lernen wir in dieser Zeit auch, das weltliche Denken loszulassen, um einen neuen Halt in der geistigen Wirklichkeit zu finden – eine Wirklichkeit, über die wir vielleicht vorher bereits gesprochen hatten, die jedoch erst jetzt, in der vollkommenen Dunkelheit und Einsamkeit, für uns greifbar zu werden beginnt. Die „dunkle Nacht" ist die Essenz des Transformationsprozesses; denn in diesem Dunkel, in dieser Stille, in dieser Seelentiefe vollzieht sich die Wandlung. Darin werden wir zu einem anderen Menschen, der nicht mehr auf sich selbst ausgerichtet und auf seinen eigenen Schutz und seine Sicherheit bedacht ist, sondern nur noch auf die Stimme Gottes lauscht, die wir nun in uns selbst zu hören und zu verstehen lernen.

Ein Trauerprozess ist auch ein Transformationsprozess. Nur ist dieser, anders als es Johannes vom Kreuz beschrieb, ein Umwandlungsprozess, den wir nicht selbst gewählt haben, sondern der uns überkommt. Doch wie dem auch sei – durch alles, was geschehen ist, und durch alles, was uns überkam, verändern wir uns während des Trauerprozesses wie von selbst. Die Welt, in der wir lebten, ist eine völlig andere, und doch bleibt uns nichts anderes übrig, als uns an diese neue und oft so viel kältere Welt anzupassen.

Wenn die Wogen der ersten Emotionen ein wenig abgeebbt sind, wenn unser Bedürfnis, mit anderen endlos zu reden, wieder etwas abgenommen hat, wenn wir uns unserem Inneren zuwenden, dann bricht die „dunkle Nacht" an. Diese kann man mit einem Baum im Winter vergleichen. Der Baum steht zwar noch, doch er hat alle seine Blätter verloren. Sein Lebenssaft hat sich in seinen Kern zurückgezogen. Nun erträgt er kahl, scheinbar leblos, die Winterkälte. Erst im Frühling, wenn die Sonne ihn langsam erwärmt, wird ihn wieder neues Leben durchströmen, und er wird erneut zu knospen beginnen. Doch noch herrscht die kahle, kalte und stille Winterszeit. Es scheint, als geschehe im Winter nichts, als stünde dieser Baum nur noch da, um auf den Frühling zu warten. Doch ganz im Gegenteil, es geschieht im Inneren etwas. In seinem tiefsten, innersten Kern bereitet sich der Baum auf das kommende Frühjahr vor. In seinem tiefsten Kern vollzieht sich die Wandlung vom Verlust, den der Herbst brachte, hin zum Frühlingserwachen. Im Verborgenen, unsichtbar für den Außenstehenden, durchlebt der Baum jenen Prozess des Sterbens und Neu-Geboren-Werdens.

Doch äußerlich sieht man davon nichts, nach außen herrscht nur diese reglose Stille. Jener Umwandlungsprozess vollzieht sich gänzlich im Verborgenen, in der reglosen Winterstille.

Mit der „dunklen Nacht" im Trauerprozess verhält es sich genauso. Man hat zu nichts Lust und bleibt am liebsten nur still für sich zu Hause. Man fühlt sich verlassen, allein, depressiv, doch man kann nicht darüber sprechen, weil alle diese Gefühle sich irgendwo in der verborgenen Tiefe der Seele abspielen. Man begreift selbst nicht, was los ist. Es scheint eigentlich überhaupt nichts zu geschehen – es herrscht nur der Grundton von Kummer vor, der alles übertönt, was man sieht und was man tut. Ein Tag scheint wie der andere, und man fühlt sich wie dieser Baum im Winter, all seiner Farbenpracht, Fröhlichkeit und Verspieltheit beraubt. Dabei ist es eine Phase, die endlos zu dauern scheint, und von der man das Gefühl hat, dass sie sich niemals mehr ändern wird. In dieser Zeit kann man nichts anderes tun, als Geduld zu haben, endlose Geduld. Auch wenn es einem so scheint, als würde sich nichts verändern und man auf dem Weg des Trauerprozesses keinen Zentimeter vorankommen – in der Tiefe der Seele vollzieht sich dieselbe Veränderung wie in diesem Winterbaum. Man stirbt innerlich und wird neu geboren. Doch man erkennt dies in keiner Weise, man spürt es nicht und sieht es nicht. Ein Tag erscheint wie der andere, als würde sich nichts, aber auch rein gar nichts verändern. Gerade darum muss man in dieser Zeit so viel Geduld aufbringen. Sie erfordert ein starkes Durchhaltevermögen. Es ist eine ungewohnte Stille, die man in dieser Zeit durchlebt, erfüllt von Einsamkeit. Denn worüber sollte man sprechen? Man weiß selbst nicht, womit man sich innerlich beschäftigt oder was in der Tiefe der Seele geschieht. Man weiß nur eines, dass es eigentlich nichts gibt, was einen wirklich interessieren könnte. Man gibt sich bei allem Mühe, denn es muss ja immer alles gut laufen. Man muss arbeiten, man muss Essen kochen, man muss sich mit seinen Mitmenschen unterhalten. Doch nichts interessiert einen wirklich, man fühlt sich innerlich tot. Man tut die Dinge, die getan werden müssen, weil sie nun einmal getan werden müssen und weil man nicht anders kann. Das Schwierigste ist jedoch, dass man dies alles nicht mit anderen teilen kann. Wenn man es selbst nicht einmal begreift, wie soll man dann mit anderen darüber sprechen können?

Die „dunkle Nacht der Seele“ erscheint damit als eine Art Gefängnis. Wie ein eintöniges Leben. Ein Gefangener hat auch nicht viel zu erzählen. Es ereignet sich ja nichts als die alltägliche Routine. Manche Menschen haben in dieser Zeit der Einsamkeit das Gefühl, dass sie an der Grenze dessen wandeln, was ein Mensch noch verkraften kann. Der Gedanke, lieber tot zu sein, taucht in dieser Phase bei vielen Menschen auf. Sie fühlen sich leer, verdorrt und innerlich völlig traurig. Doch es ist und bleibt eine Leere, eine Depressivität und eine Ohnmacht, über die man nicht mit anderen sprechen kann. Damit wird diese Phase des Trauerprozesses wirklich zur dunklen, endlosen Nacht. Es ist manchmal auch eine Zeit der Tränen, doch der stillen Tränen eines leisen Kummers. Die Heftigkeit der Emotionen aus der Anfangszeit des Trauerprozesses herrscht nun nicht mehr vor. Es handelt sich vielmehr um eine Resignation, eine Ohnmacht, bedingt durch die Tatsache, dass man nicht mehr weiß, wie es weitergeht. Gerade Letzteres macht diese Phase so schwierig – das Wegbrechen jeglicher Perspektive. Man sieht nicht mehr, dass es jemals noch anders werden würde. Man kann es nicht glauben, wie man auch an nichts mehr glauben kann. Das Einzige, was man tun kann, ist Geduld zu haben, durchzuhalten und jeden Tag wieder im gleichen Trott weiterzuleben.

Wir sehen, wie der Trauernde in dieser Phase immer introvertierter wird. Wir sehen, dass der äußere Halt durch Menschen, die zu Besuch kommen, um uns aufzuheitern oder etwas Wärme und Trost zu spenden, meist wegfällt. Für die Menschen um uns herum ist es mittlerweile schon zur Gewohnheit geworden, dass wir den geliebten Partner verloren haben. Sie haben sich schon längst daran gewöhnt und durchschauen nicht – können es auch nicht durchschauen – dass jemand in sich selbst festsitzt, festsitzt in dieser dunklen Nacht, die niemals mehr vorüberzugehen scheint.

Sie hatte vor drei Jahren ihren Mann verloren. Sie war erst fünfundvierzig Jahre alt, als er starb. Ihre beiden Kinder waren aus dem Haus, und so blieb sie allein zurück. Nach außen hin schien sie sich inzwischen an das neue Leben gewöhnt und auch wieder eine gewisse Erfüllung darin gefunden zu haben. Doch während eines Gesprächs, in dem sie sich offener zeigte als sonst, sagte sie: „Jeder Tag ist eine Last. Ich finde keinerlei Sinn mehr im Leben. Von mir aus könnte es morgen schon vorbei sein. Ich würde meinem Leben keine Träne nachweinen. Doch offensichtlich ist das nicht beabsichtigt, und ich muss noch ein bisschen weiterleben. Ach ja, das ist schon auch gut so, denn ich weiß, dass meine Kinder mich eigentlich noch brauchen." In ihren Augen las ich die Leere und Verzweiflung, die sie sonst so gut zu verbergen verstand. „Niemand versteht es", sagte sie dann. „Jeder denkt, dass ich es längst überwunden habe. Aber innerlich fühle ich mich so tot und leer. Nichts interessiert mich mehr, nichts berührt mich mehr. Ich habe oft das Gefühl, dass ich wie eine Marionette durchs Leben gehe."

Sie beschrieb mit diesen Worten ganz deutlich das Lebensgefühl, das man in der „dunklen Nacht der Seele" empfindet. Ein Gefühl, dass es niemals mehr anders werden wird, ein Gefühl von Leere und einer toten Innenwelt. Gerade in dieser Zeit ist es für viele Menschen wichtig zu wissen, dass dies „nur" eine Phase im Heilungsprozess ist. Eine Phase, die freilich endlos zu dauern scheint. Doch auch sie wird einmal enden. Dann wartet ein ganz neues Lebensgefühl, das aus einer gewissen Erwartung, einem inneren Frieden und einer inneren Wärme geboren sein wird. Allein das Wissen, dass die dunkle Nacht eine unumgängliche Etappe im Trauerprozess ist, aber gleichzeitig den Übergang in eine neue, viel positivere Lebensphase darstellt, kann den Menschen wieder die Geduld und das Vertrauen schenken, die sie in dieser Zeit so nötig haben.

Das Merkwürdige daran ist, dass diese Phase im Verhältnis zum Gesamtgeschehen am längsten dauert, dass sie aber zugleich mit wenigen Worten beschrieben werden kann. Das hängt damit zusammen, dass sich in dieser Zeit die eigentliche Arbeit, die eigentliche Verarbeitung, im tiefsten Inneren der Seele, also im Verborgenen, vollzieht. Wie die Seele dies genau tut, wissen wir nicht. Wie wir im Stillen geführt werden und wie im Stillen aus der geistigen Welt auf uns gewirkt wird, damit wir wieder im Herzen Heilung finden mögen, das bleibt das Geheimnis der geistigen Welt. Wer das erkennt, wird auch begreifen, dass das Gebet in dieser Zeit eine große Kraft sein kann; denn das regelmäßige Gebet kann uns helfen, die nötige Geduld und das nötige Durchhaltevermögen aufzubringen. Unser Gebet hilft uns, die Kräfte unseres Herzens in Resonanz mit den geistigen Kräften zu bringen, die im tiefsten Inneren unserer Seele an uns wirken.

Ganz langsam beginnen sich in unserer Seele andere, positivere Gefühle zu regen und zu bewegen. Wir merken beispielsweise, dass wir uns ab und zu wieder durch etwas oder durch eine wirkliche Person berühren lassen. Wir können ab und zu einen gewissen Enthusiasmus über Dinge empfinden, die uns interessieren. Für uns selbst stellen wir dann erstaunt fest, dass es andere Dinge sind als früher, die uns nun zu interessieren beginnen. Durch den Kummer sind wir zu neuen Menschen geworden, mit anderen Interessen und einer neuen Lebenseinstellung. So wird Schritt für Schritt die Wendung sichtbar, die sich im Verborgenen unserer Seele vollzog. So wird sichtbar, dass ein neues Leben in uns aufzukeimen beginnt und wir durch den Tod hindurch zu einem neuen Leben geführt werden.

DAS WUNDER DES LICHTES

Wie das Licht geboren wurde?
Ich weiß nicht, wie das zuging –
Ich weiß es einfach nicht.
Ich weiß nur,
Dass man hart
Dafür arbeiten muss,
Dass man geduldig sein
Und vieles ertragen muss,
Auch dann, wenn keine Aussicht
Und keine Zukunft winkt.

Das Wunder des Lichtes
Ist wirklich ein Wunder.
Es wird im Stillen geboren,
Vollzieht sich tief im Inneren
Der Seele.

Ganz lange war es dunkel,
Ganz lange wusste ich nicht,
Wie ich weitergehen sollte.
Ewig lang hielt die Verzweiflung an.

Doch als ich alles
Verloren hatte,
Begann sich tief im Inneren
Etwas zu regen, ein Gefühl,
So zart und jung,
Dass ich es kaum verspürte.

Allmählich wurde es mehr Frühling in mir,
Schimmerte die Hoffnung,
Konnte ich mich wieder verbinden

Mit den Menschen und der Welt
Um mich herum
So wurde ich Schritt für Schritt
Neu geboren.

7. LOSLASSEN

KRAFT SCHÖPFEN UND WACHSEN

Unser geliebter Partner und wir selbst gehen vom Zeitpunkt des Todes an getrennte Wege. Wir folgen hier auf Erden unserem Weg – auf dem wir fallen und wieder aufstehen. Doch er beginnt einen ganz neuen Lebensweg in der geistigen Welt. Wenn er diesen Weg beginnt, ist es wichtig, ihm diesen Weg auch wirklich zu gönnen und ihn nicht auf der Erde zurückzuhalten, wie wir es eigentlich so gern tun würden. Unser Herz sehnt sich ja dauernd nach dem geliebten Menschen, den wir loslassen mussten. Daher neigen wir dazu, den anderen mit unseren Gedanken und Sehnsüchten zurückzurufen. Glücklicherweise erkennen wir jedoch in der heutigen Zeit immer mehr, dass diese Gedanken und Sehnsüchte eine ganz direkte Auswirkung auf den Verstorbenen auf der anderen Seite haben. Gedanken und Sehnsüchte sind ja geistige Wirklichkeiten, und in der anderen Welt zählen nur noch diese geistigen Realitäten. Was hier auf Erden unsichtbar wirkt, wie etwa Gedanken oder Sehnsüchte, ist in der geistigen Welt die entscheidende und alles bestimmende Kraft. Daher ist es auch wichtig für den „Weg ins Jenseits", den unser geliebter Mensch auf der anderen Seite beschreitet, dass wir ihm diesen Weg auch wirklich gönnen. Wenn unser Herz den anderen dauernd zurückruft: „Oh, wärst du doch noch hier" oder: „Ich kann nicht ohne dich weiterleben, warum bist du denn gegangen?", dann werden diese Gedanken und Kräfte bis in die geistige Welt hinein wirksam und erschweren und behindern dort den Weg des Verstorbenen. Es ist, als würden wir ihm beständig Steine in den Weg legen, so dass aus dem sonst so leicht gangbaren Weg auf der anderen Seite des Seins ein Hindernislauf wird. Daher bitten unsere lieben Verstorbenen um unsere freilassende Liebe, die nicht auf unsere eigenen Belange ausgerichtet ist, sondern auf die Bedürfnisse des anderen. Sie fragen uns, ob wir wirklich bereit sind, ihnen diesen neuen Weg und diese neue Welt auch tatsächlich zu gönnen. Natürlich geht dies nicht ohne Kummer. Sie verlangen auch nicht von uns, unseren Kummer zu stoppen oder zu unterdrücken. Sie fragen uns jedoch, ob wir nur in unserem eigenen Kummer verharren oder auch das berücksichtigen wollen, was für sie wichtig ist. Das kann dann tatsächlich bewirken, dass zwei Herzen in unserer Brust schlagen, einerseits das Gefühl von Verlust und Kummer, andererseits zugleich das Gefühl von Liebe, mit der wir unserem geliebten Verstorbenen den neuen Weg auf der anderen Seite des Seins auch wirklich gönnen. Je mehr wir begreifen, dass der andere dort – endlich – er selbst wird, dass er dort zu dem Menschen werden darf, der er in seinem tiefsten Inneren ist, und je mehr wir verstehen, dass er dort in jener geistigen Welt nun ein strahlendes Lichtwesen werden darf, desto mehr können und werden wir ihm auch diesen Weg gönnen.

Liebe verlangt von uns also, unseren geliebten Partner auch wirklich loszulassen und nicht dauernd zurückzurufen. Doch wie macht man das, den anderen loszulassen? Sind wir denn dazu in der Lage? Und verzichtet man dann beispielsweise auf ein Lebenszeichen des anderen aus der geistigen Welt? Loslassen beinhaltet, dass man dem anderen sein neues Leben gönnt und selbst bereit ist, ohne den anderen hier auf dieser Erde weiterzuleben. Man versucht, den Mut aufzubringen, aus diesem Leben auch ohne den anderen noch etwas zu machen und sehnt sich nicht nur nach früher zurück, als der andere noch da war. Dies ist sicher leichter gesagt als getan; denn dahin zu wachsen, gelingt nicht an einem Tag. Es ist ein Weg, auf dem man immer wieder stürzt und erneut aufsteht, ein Weg durch die dunkle Nacht. Doch es geht um die innere Bereitschaft. Es geht darum, ob man bereit ist, das Loslassen anzunehmen, so dass man aus tiefstem Herzen sagen kann: Ich gönne dir diesen Weg, auch wenn mir dies dann Kummer bereitet.

Wir können das Loslassen lernen, indem wir versuchen, das, was uns der andere bedeutete und schenkte, nun in uns selbst Wirklichkeit werden zu lassen. Das klingt schwer, ich weiß. Doch damit meine ich, dass man beispielsweise versucht, das Vertrauen und den Glauben, die der andere in uns hatte, nun in Selbstvertrauen umzuwandeln. Es gilt zu lernen, sich gewissermaßen mit den Augen des anderen selbst zu betrachten. Man lernt, von sich selbst zu halten, was der andere von uns gehalten hat. Man versucht die Charakterzüge, die man am anderen so bewunderte, nun in sich selbst zu entwickeln. Dann wird der andere in uns zum Leben erweckt, dann lebt der andere in und durch uns. Je mehr es uns gelingt, den anderen gleichsam in uns selbst, in unserem eigenen Wesen, aufzunehmen, desto leichter können wir ihn loslassen, weil er nun in gewisser Weise in uns selbst zum Leben erweckt worden ist.

Das bedeutet Loslassen. Dann brauche ich den anderen nicht mehr als Halt, weil ich diesen Halt in mir selbst gefunden habe. Dann brauche ich den anderen auch nicht mehr, um meine Meinung zu bestätigen, weil ich in der Lage bin, mich selbst zu bestätigen. Dann brauche ich den anderen nicht mehr, um mir Wärme zu schenken, weil ich in der Lage bin, mir selbst Wärme zu geben. Wenn ich hierzu imstande bin, bleibt nur die reine, bedingungslose Liebe in mir übrig, die es mir ermöglicht, dem anderen auch wirklich diesen neuen Weg ins höhere, strahlende Licht zu gönnen. Wenn man Loslassen so betrachtet, wird deutlich, dass es ein Prozess der harten Arbeit an sich selbst ist, ein Prozess, durch den man auch selbst Schritt für Schritt zu einem anderen, bereicherten, stärkeren und liebevolleren Menschen wird. Dann verinnerlicht man die Geschenke, die der andere einem gegeben hat, und erweckt dadurch den anderen in sich selbst wieder zum Leben. Ein größeres Geschenk können wir unserem lieben Partner auf der anderen Seite des Seins nicht machen! Denn wenn dieser aus der geistigen Welt sehen kann, was wir alles mit den Geschenken, die er uns hier auf Erden gemacht hatte, zustande bringen, dann ist dies für ihn ein gewaltiger Impuls, ein mächtiger Anreiz, den eigenen Weg im Jenseits zu gehen. Der andere sieht das wirklich, und seine Liebe für uns bewirkt, dass er sich riesig freut, dass wir über den Kummer des Lebens ein inneres, geistiges Wachstum stellen. Gerade weil der andere nun in der geistigen Welt lebt, sind für ihn die geistigen Wirklichkeiten, wie auch unser geistiges Wachstum, von entscheidender Bedeutung.

Daher ist es wichtig, sich dessen bewusst zu werden, welche geistigen Geschenke es waren, die der andere uns gegeben und womit er unser Leben bereichert hat. Wenn wir uns erst dessen bewusst geworden sind, besteht der nächste Schritt darin, zu versuchen, diese geistigen Geschenke in uns selbst zur Wirklichkeit zu machen. So kann der Geist unseres Partners in unserem Inneren erwachen und uns nun auf eine neue Weise immer mehr bereichern.

Loslassen bedeutet auch, dass man lernt, seine eigene Kraft zu entwickeln. Es bedeutet, dass man lernt, aus dieser Kraft heraus zu leben. Wir sind alle starke Menschen, viel stärker, als wir selbst oft meinen. Gott hat jedem von uns ungeheure Kraft mitgegeben. Doch nun, da wir allein stehen, geht es darum, diese Kraft in uns auch wirklich zu aktivieren, so dass wir dank ihr imstande sind, etwas daraus zu machen. Wir gestalten aus dem Leben allein etwas, ohne den anderen. Loslassen ist also das Gegenteil von „in den Kummer abgleiten", wenn dies auch gelegentlich geschehen mag. Es bedeutet vielmehr, gerade durch diesen Kummer an Kraft und Selbstbewusstsein zu wachsen. Denn diese Kraft macht es uns möglich, wieder zu hoffen und ein Ziel und einen Sinn im Leben zu entdecken. Diese Kraft ermöglicht es uns mit der Zeit, neben dem Kummer auch immer mehr Dankbarkeit für das zu empfinden, was der andere uns gegeben hat. Diese Kraft macht es möglich, dass unser geliebter Partner auf der anderen Seite des Seins mit großer Freude und Dankbarkeit sieht, wie es uns gelingt, allein, ohne den anderen, wieder einen eigenen Weg zu finden. Damit ermöglicht es uns diese Kraft, dem anderen auf der anderen Seite des Seins das größte Geschenk zu geben, das nur denkbar ist.

DANKBARKEIT

Wenn wir so lernen loszulassen und den anderen in uns selbst zu verinnerlichen, wenn wir so an Kraft und Selbstbewusstsein wachsen, werden wir entdecken, dass wie von selbst wieder eine tiefe Dankbarkeit in uns erwacht. Wieder – denn automatisch verschwindet das Gefühl von Dankbarkeit beinahe völlig im Hintergrund, wenn der Kummer seine Herrschaft antritt. Doch je mehr wir lernen loszulassen, und je mehr es uns gelingt, wieder einen eigenen Weg zu finden, desto stärker tritt dieses Gefühl von Dankbarkeit auf eine neue Weise – durch den Kummer gereift und geläutert – wieder in den Vordergrund.

Da ist zunächst die Dankbarkeit für alles, was der andere uns gegeben hat, für die Art und Weise, wie er unser Leben bereichert hat. Immer tiefer werden wir erkennen, dass wir ohne das, was der andere uns schenkte, niemals der Mensch geworden wären, der wir jetzt sind. Doch darüber hinaus wächst auch die Dankbarkeit dafür, dass wir an unserem Kummer nicht für immer zerbrochen sind, sondern auf wundersame Weise in der Stille und der Einsamkeit der dunklen Nacht die Hilfe erhalten haben, durch die es uns gelungen ist, mit vielen Stürzen und erneutem Aufstehen doch wieder einen Weg nach vorn zu finden. Schließlich bleibt noch die Dankbarkeit für alles, was wir in dieser dunklen Zeit entdecken und lernen durften; denn am Ende hat sich für uns eine ganz neue Welt aufgetan, und wir haben geistige Einsichten empfangen, die unser Leben wirklich bereicherten. Wir entdeckten unsere ganz persönliche Antwort auf die Frage nach dem Tod: „Was ist der Tod, und was geschieht mit unserem geliebten Partner auf der anderen Seite?" Auf diese Frage fanden und finden wir eine eigene Antwort, wenn wir auch manchmal kaum Worte dafür haben, um das, was unser Gefühl weiß, zum Ausdruck zu bringen. Auch wenn das Finden dieser Antwort mit Stürzen und erneutem Aufstehen gepaart ist – manchmal wissen wir diese Antwort, manchmal scheint sie uns auch einfach wieder entfallen zu sein – letztendlich merken wir, wie diese Antwort immer stärker als echtes Wissen in unser Herz Einzug hält.

Darüber hinaus sind wir, indem wir unseren Kummer und Verlust Schritt für Schritt durchlebt haben, andere Menschen geworden. Je mehr wir auch mit Verwunderung feststellen können, wie sehr wir uns verändert haben, desto größer ist das Gefühl von Dankbarkeit, das in uns erwacht. Schließlich wächst in uns die Dankbarkeit, wenn wir langsam entdecken, wie wir gerade in der dunkelsten Zeit unseres Lebens geführt und gehalten werden. Dankbarkeit weiß alle diese Geschenke wertzuschätzen.

Nach der Mitte des dunklen Tunnels beginnt diese Art von Gefühlen langsam in uns zu erwachen. Anfänglich nur ganz zart, ganz fein, zu bestimmten Anlässen. Doch je weiter wir kommen, desto mehr erwacht dieses Gefühl von Dankbarkeit in uns als echte geistige Kraft. Gerade diese Kraft ist es, diese wachsende Dankbarkeit, die uns durch das letzte Stück des dunklen Tunnels begleitet.

Man merke sich wohl: Dankbarkeit kann man sich nicht selbst auferlegen oder aufzwingen. Sie wächst. Doch sie wächst immer da, wo wir diesen Prozess des Loslassens ernsthaft umsetzen; denn diese Dankbarkeit ist keine überschwängliche Dankbarkeit, wie wir sie vielleicht früher kannten, bevor wir einen geliebten Menschen verloren hatten. Diese Dankbarkeit hat vielmehr den Charakter eines stummen Wissens. Sie gleicht mehr dem Reichtum des Herbstes als dem Überschwang des Frühlings.

FREILASSENDE LIEBE

Die Bedeutung des Loslassens kann gar nicht genug betont werden. Denn das Loslassen beginnt mit dem Tod unseres geliebten Partners. Dieser steht dann am Anfang eines neuen Weges, vor dem er vielleicht im ersten Augenblick zurückschreckt – vor allem dann, wenn der Tod unerwartet eintrat und er mit diesem neuen Leben und diesem „Weg ins Jenseits" gänzlich unerwartet konfrontiert wurde. Doch auch wenn unser lieber Verstorbener sich auf den Übergang vorbereiten konnte, indem seinem Tod vielleicht eine mehr oder weniger lange Krankheit vorausging, kann diese neue Situation ihn erst einmal erschrecken. Diesen neuen Weg muss er nun wirklich beginnen. Er muss dabei lernen, ihn ohne die Hilfe und Nähe seiner lieben Mitmenschen zu beschreiten.

Vielleicht sollte ich an dieser Stelle einschieben, dass an der Schwelle des Todes andere Wesen bereitstehen, um die „Neuankömmlinge" zu empfangen und weiter zu begleiten. Dabei handelt es sich häufig um Verstorbene, die ihm vorausgegangen sind. Die Nähe dieser lieben Menschen, und die Nähe der Engel und Christus selbst, entbindet ihn jedoch nicht davon, uns, seine lieben Angehörigen auf Erden, im ersten Moment loslassen zu müssen, so wie auch wir ihn loslassen müssen. Er muss diese irdische Welt loslassen und folglich auch all diejenigen, die ihm in dieser Welt lieb waren – vorläufig jedenfalls, denn später sehen wir uns ja alle wieder. Ebensowenig wie dieses neue Leben ohne unseren lieben Partner für uns leicht ist, ist es für diesen leicht. Doch das Licht der höheren Welt winkt und lockt, und diejenigen, die ihn in dieser neuen Welt empfangen haben, geben ihm oder ihr auch den Mut, die ersten Schritte auf diesem neuen Weg zu machen.

Doch wenn nun die Hinterbliebenen beginnen, ihn zurückzurufen, wird es schwieriger. Wenn diese sagen oder denken, dass sie nicht ohne den anderen leben können, fühlt sich unser lieber Partner zurückgerufen und wird manchmal auch – vergebliche – Versuche unternehmen, um zurückzukehren.

Einmal wohnte ich einer Totenwache bei. Der Sarg mit dem Leichnam der Verstorbenen stand vorn in der Kirche, denn das Begräbnis sollte nach Beendigung der Totenwache stattfinden. Während der Totenwache wurde verschiedentlich gesagt, dass die Hinterbliebenen die Verstorbene nicht entbehren könnten und nicht wüssten, wie es ohne sie weitergehen sollte. Da sah ich plötzlich die Verstorbene auf den Sarg zuschweben, mit der deutlichen Absicht, wieder in ihren toten Körper einzutreten. Sie war durch die Stimmen ihrer Lieben gerufen worden, die gesagt hatten, dass sie ohne sie nicht weiterleben könnten, und daher wollte sie zurückkehren. Doch dann sah ich plötzlich vor dem Sarg zwei Engel mit erhobenem Schwert stehen. Die Schwerter bildeten ein Kreuz und versperrten der verstorbenen Frau auf diese Weise den Zugang zu ihrem Körper. Ebenso plötzlich wie das Bild sichtbar geworden war, verschwand es auch wieder. Es verdeutlichte mir jedoch erneut, wie sehr all das, was wir sagen und denken, direkt auf die Verstorbenen einwirkt. Später, beim Kondolieren, hörte ich verschiedene Menschen erzählen, wie schön und ergreifend die Totenwache gewesen sei. In diesem Moment bedauerte ich, dass ich das, was ich gesehen hatte, in dieser Situation nicht mit den anderen teilen konnte.

Das Loslassen beginnt sofort nach dem Tod unseres geliebten Menschen. Wenn wir den anderen wirklich lieben, ist von diesem Moment an von uns eine freilassende Liebe gefragt – eine Liebe, die dem anderen, der nun eine neue Welt betreten hat, diesen „Weg ins Jenseits" auch wirklich gönnt. Diese freilassende Liebe sollten wir immer wieder zum Ausdruck bringen, nicht nur bei der Totenwache, sondern auch in der Art und Weise, wie wir später mit anderen über den Verstorbenen sprechen. In diesen Gesprächen darf neben unserem Kummer, neben unserer Suche nach der Erkenntnis, wer der andere wirklich war, durchscheinen, dass wir dem anderen diesen neuen Lebensweg auch wirklich gönnen und ihn daher auch nicht mehr zurückwünschen werden – auch wenn der Verlust noch immer schmerzt.

DAS DUNKEL BEGINNT SICH ZU LICHTEN

Wenn wir einmal so weit sind, dass wir uns im Loslassen geübt und folglich den anderen – zumindest ein wenig – in unserem Inneren aufgenommen haben, und wenn sich ab und zu neben dem Kummer auch Dankbarkeit zu zeigen beginnt, dann sehen wir auch in diesem dunklen Tunnel allmählich mehr Licht. Herrschte vor noch nicht allzu langer Zeit noch pechschwarze Nacht in diesem Tunnel, so ist es nicht mehr ständig nur dunkel, sondern wir sehen ab und zu das Licht an seinem Ende.

Das bedeutet auch, dass wir uns allmählich etwas weniger isoliert fühlen, dass wir uns nicht mehr nur als Außenseiter und Fremder vorkommen in einer Welt, die absolut unbegreiflich geworden ist. Natürlich gibt es auch jetzt noch nicht viele Menschen, mit welchen wir wirklich über die Dinge sprechen können, die uns auf der Gefühlsebene bewegen. Es gibt überhaupt nicht viele Menschen, die etwas von dem verstehen, was Loslassen bedeutet, und es gibt nicht viele, die verstehen, wie selbst im tiefsten Dunkel doch ein wenig Dankbarkeit heranwachsen kann. Es gibt auch kaum Menschen, welchen wir mitteilen können, wie sich die Bindung mit dem Verstorbenen jetzt anfühlt, und wie man vielleicht ab und zu dessen Nähe und Anwesenheit spüren kann.

Doch glücklicherweise gibt es zumindest einige solcher Menschen; und indem man ab und zu, ganz vorsichtig, etwas von dem, was in der eigenen inneren Welt geschieht, mit diesen teilt, bemerkt man, wie man gleichsam lernt, sich wieder mit Menschen zu verbinden, in deren Kreis man sich vorher nur als Außenseiter fühlte. Das Wundersame daran ist – laut den Berichten vieler, die dies so erlebt haben, wenn man beginnt, einander etwas von all dem zu erzählen, was einen im Inneren bewegt, dass der andere dann häufig sein Herz für uns zu öffnen beginnt und Dinge erzählt, die er noch niemals jemandem mitgeteilt hatte. So empfangen wir ein neues Geschenk. Wir entdecken, dass wir in der Lage sind, den anderen bis in sein Herz hinein zu erreichen und zu berühren. Wir entdecken, wie der andere uns so sehr vertraut, dass er uns seine Lebensgeheimnisse anvertraut. Viele erzählen auch, wie sie in dieser Phase des Trauerprozesses entdeckten, wie gut sie es verstanden, den Lebensgeheimnissen, die andere ihnen anvertrauten, zu lauschen. Als würden sie nun ganz anders zuhören als früher, bewegter, mit echter Hingabe und auch mit viel mehr Verständnis. Wer selbst vom Dunkel ergriffen war und darin überlebt hat, schreckt nicht mehr vor dem Dunkel im Leben eines anderen zurück, sondern ist in der Lage, es mit ihm zu teilen. Allein dieses liebevolle Teilen bedeutet, dass in dessen Dunkel ein Licht zu scheinen beginnt.

Natürlich ist das Gefühl, ein Fremder, ein Außenstehender zu sein, nicht im Handumdrehen verschwunden – und in gewisser Hinsicht wird es sogar immer so bleiben. Denn wer einmal durch das Dunkel hindurchgegangen ist, hat entdeckt, um welche Dinge es im Leben wirklich geht, und welche Dinge in der Tat völlig belanglos sind. Überall wo ein solcher Mensch sieht, wie seine Mitmenschen sich über jene nicht grundlegend wichtigen Dinge aufregen, wird er sich weiterhin als Außenseiter fühlen. Doch man kann wohl sagen, dass die Tatsache, dass jemand die Möglichkeit entdeckt hat, mit ein paar anderen zu teilen, was ihn wirklich im Inneren bewegt, den Beginn einer neuen, anderen Art zu lernen darstellt, um sich mit den Menschen um ihn herum zu verbinden.

So entdecken viele, die durch das, was der Verlust und der Kummer ihnen angetan haben, gezeichnet sind, dass man aus dem Dunkel den stillen Gewinn echten Mitgefühls, echter Hingabe und teilnahmsvollen Zuhörens davontragen kann.

DU LEBST WEITER IN MIR

Ich fühle: du lebst in mir.
Niemals wirst du sterben
In meinem Herzen –
Du lebst ewiglich.

Du hast mich reich beschenkt,
Sehe ich.
Zurückblickend erst sehe ich,
Wie reich.
Und noch immer wirkst du in mir,
Machst mich stark und liebevoll.

Je größer der Abstand
Zwischen dir und mir,
Desto mehr erkenne ich allmählich
Was du mir mit deiner Liebe
Geschenkt hast
Und was du
Mir noch immer schenkst.

Du lebst in mir,
Und zugleich lebst du
Im Reich
Der geistige Welt,

behütet und beschützt
durch das Licht dort.
Von dort aus wirkst du
In und an mir.
Denn die Liebe bleibt.
Sie ist eine Kraft
Die nimmermehr stirbt.

8. WIEDER OFFEN FÜR DAS LEBEN

LICHT AM ENDE DES TUNNELS

Wann das Ende des dunklen Tunnels in Sicht kommt, ist schwer zu sagen, auch nicht, wann der Trauerprozess ein Ende findet. Dies geht ganz allmählich vonstatten, fast unbemerkt. Es ist sicherlich nicht so, dass man sagen könnte: „Heute mache ich den letzten Schritt in diesem Tunnel, und morgen ist der Trauerprozess endgültig vorüber." In gewissem Sinne geht der Kummer ja niemals ganz vorbei. Es werden auch später immer wieder Tage und kürzere oder längere Phasen anbrechen, in welchen die Erinnerungen an den lieben Verstorbenen wieder neu in uns aufleben und in welchen wir spüren, dass Kummer und Verlust uns erneut im Griff haben. Es braucht uns beispielsweise nur „zufällig" ein altes Foto in die Hände zu geraten, und schon steht der ganze Tag im Zeichen der Erinnerungen, die durch dieses Foto wieder wachgerufen wurden.

Das Ende des Tunnels kommt dann in Sicht, wenn wir wieder zu fühlen beginnen, wenn wir wieder offen sind für das durchdringende Prickeln des Frühlings oder die Farbenpracht des Herbstes. Wenn wir fühlen, dass wir durch dieses Prickeln und diese Schönheit berührt werden und dies alles nicht mehr nur von außen wahrnehmen, ohne wirklich davon berührt zu werden. Das Ende kommt in Sicht, wenn wir wieder zu lächeln oder zu lachen beginnen, wenn uns der Anblick von Menschen wieder etwas sagt oder wir durch die Gefühle von Hoffnung, Erwartung, Zartheit, Reinheit und Liebe berührt werden, die wir von diesen Gesichtern ablesen. Davon wieder berührt zu werden, ist ebensowenig etwas, das sich von einem auf den anderen Tag vollzieht. Wir stellen vielmehr an einem bestimmten

Tag erstaunt fest, dass es etwas gibt, was uns überkommt und sich unbemerkt wieder in unser Leben eingeschlichen hat. Wir spüren, dass wir es wieder wagen, verwundbar und betroffen zu sein und dies auch sein können. Es gleicht einem Wunder, wenn man das nach so langer Zeit wieder feststellt.

Übrigens erwartet uns dann eine neue Aufgabe. Es gibt Menschen, die beispielsweise erschrecken, wenn sie zum ersten Mal wieder anfangen zu lachen. Sie empfinden das als eine Art Verrat an ihrem Verstorbenen, als wären sie diesem untreu und ließen ihn im Stich, indem sie sich wieder dem Leben zuwenden. Es gibt auch Menschen, die es schwer finden, ihren Kummer loszulassen; nicht nur, weil sie dies als Verrat betrachten, sondern vor allem auch, weil dann eine Art von Leere in ihnen spürbar wird. Man muss ja erst das Alte loslassen, bevor das Neue geboren werden kann. Daher muss man immer erst durch die Leere hindurch, damit das neue Leben auch wirklich spürbar werden kann. Es zu wagen, sich wieder vom Leben berühren und ergreifen zu lassen, erfordert folglich eine innere Willensbereitschaft – es bedarf eines inneren Beschlusses, sich jenem neuen Leben in sich selbst wieder anvertrauen zu wollen und es zu wagen. Wenn man jedoch diesen Beschluss fasst und erkennt, dass diese neue Hingabe an das Leben im Grunde kein Verrat am geliebten Verstorbenen ist, sondern diesem im Gegenteil gut tut, dann wird man erfahren, wie es allmählich in einem selbst lichter wird und der Kummer einen nicht mehr fortwährend eisern im Griff hat. Dann wird man zu spüren beginnen, dass am Ende des dunklen Tunnels wirklich Licht in Sicht ist.

Dies alles bedeutet auch, dass man sich wieder auf eine neue Weise mit den Menschen zu verbinden beginnt und sich nicht mehr länger nur als Außenstehender fühlt, als jemand, der in einer anderen (Gefühls-)Welt lebt als der Rest der Menschheit. Man beginnt wieder, auf neue Weise hinzuhören. Auf eine neue Weise, weil man im Verlauf dieses Trauerprozesses ein anderer Mensch geworden ist. Man ist gereift, oft milder und verständnisvoller geworden, und man hat begonnen, sich für ganz andere Dinge zu interessieren als früher. Das bedeutet auch oft, dass man anderen Menschen als früher begegnen wird und sich Veränderungen im Freundes- und Bekanntenkreis ergeben. Außerdem stellt man beispielsweise beim Verlust eines Kindes fest, dass man wieder beginnt, sich gegenüber seinen anderen Kindern zu öffnen, nachdem die gesamte Aufmerksamkeit ganz lange vor allem auf dieses eine Kind ausgerichtet war, das man entbehren musste. Es findet sich wieder Raum, um über einen eventuellen Lebensgefährten nachzudenken, wenn man seinen Partner verloren hat. Man findet wieder Raum und Aufmerksamkeit für Freundschaften und beginnt auch wieder, diese ein Stück weit zu genießen. So erfährt man, wie man sich wieder langsam mit dem Leben verbindet und vom Außenseiter wieder zu jemandem wird, der auf seine eigene Weise am Leben teilnimmt.

REICHTUM IN DER ARMUT

Wie lange dauert der Trauerprozess eigentlich? In einem in Amerika erschienenen Buch behaupten die beiden Autoren, ein Mann und eine Frau, die beide ihren Partner verloren hatten, dass es vier Monate erfordert, um den Trauerprozess zu durchlaufen. In Europa stellt man jedoch häufiger fest, dass man dafür ein Jahr benötigen kann. Nun ist es durchaus möglich, dass die Trauerarbeit in Amerika schneller vonstatten geht als in Europa – die kulturelle Situation dort ist ja eine andere. Doch auch hier in Europa dauert es länger, als man oft annimmt – eher fünf Jahre als ein Jahr. Man wünscht sich zwar gern, es möge schneller gehen. Man wünscht sich wohl, es möge nach einem Jahr „vorbei“ sein; doch das Ende des Trauerprozesses ist nicht etwas, was man mit dem eigenen Willen regeln kann.

Es hat alles mit dem individuellen Tempo unserer Seele zu tun, und diese kümmert sich nicht um unsere persönlichen Wünsche oder unsere Willensentscheidungen. Unsere Seele ist zart und zerbrechlich wie Porzellan. Daher benötigt unsere Seele sehr viel Zeit, um diesen tiefen Verlust zu verarbeiten und uns Schritt für Schritt in einen anderen Menschen zu verwandeln, wie es immer dann geschieht, wenn wir es wirklich wagen, durch Kummer und Schmerz hindurchzugehen. Unsere Seele rückt auf diesem Weg nur Millimeter um Millimeter voran – schneller kann sie nicht, sonst würde sie zerbrechen. Daher ist es verständlich, dass ein Trauerprozess eher fünf Jahre als ein Jahr in Anspruch nimmt. Es ist außerdem wichtig, auch wirklich die Geduld aufzubringen, die dieser Prozess nun einmal verlangt. Auch deshalb, weil wir sonst den stillen Gewinn, den wir aus diesem Prozess ziehen können, nicht in uns selbst verwirklichen können; weil wir unserer Seele oft nicht die Zeit gönnen, sich dieses stillen Gewinns bewusst zu werden, ihn spürbar und fast greifbar in unserem Herzen zu speichern.

Doch was ist dann dieser stille Gewinn, den uns diese Reise durch die „dunkle Nacht" beschert und der uns durch den dunklen Tunnel bringen kann? Dieser liegt auf verschiedenen Gebieten. Zunächst liegt er in der Art und Weise, wie wir unseren geliebten Partner verinnerlicht haben – wie wir versucht haben, verschiedene Erkenntnisse und Lebensweisen, die wir an ihm bewundert haben, auf unsere persönliche Art, in uns selbst zum Leben zu erwecken. Dadurch wuchsen wir an innerer Kraft und Selbstbewusstsein. Diese beiden Eigenschaften haben oder hatten wir auch bitter nötig, um während des Trauerprozesses zu überleben. Folglich liegt dieser Gewinn im wachsenden Verständnis für andere Menschen, die auf ihre eigene Weise durch Kummer oder Verlust getroffen wurden. Wir werden durch unsere Erfahrungen milder, empfindsamer, weiser und weniger oberflächlich, wenn wir uns mit dem Menschen vergleichen, der wir früher waren. Schließlich liegt dieser stille Gewinn auch in der neuen Betrachtungsweise, die wir nach dem Tod erlernt haben, in unserer neuen Erkenntnis, dass stets ein Band der Liebe zwischen uns und dem Verstorbenen bestehen bleibt. Es ist die Erkenntnis, dass der Tod nicht das Ende ist, sondern nur ein Neubeginn in einer anderen Dimension, in einer anderen Welt. Die Erkenntnis, dass wir einander bald wiedersehen werden und wir auch jetzt noch, obwohl wir in verschiedenen Welten leben, weiterhin füreinander sorgen können.

Nochmals weise ich an dieser Stelle ausdrücklich darauf hin, dass wirklich jeder, der einen Trauerprozess durchlebt oder durchlebt hat, feststellen wird, dass dieser innere Gewinn zwar wertvoll ist, dass er diesen aber trotzdem gern auf andere Weise erzielt hätte, ohne einen geliebten Menschen zu verlieren. Daher kann man diesen inneren Gewinn auch als „Reichtum in der Armut“ umschreiben.

In gewissem Sinn gehört das Durchleben eines Trauerprozesses zum „Hochschulstudium“ des Lebens – hier werden alle unsere geistigen Kräfte angesprochen, hier kommen wir mit der Essenz des Lebens in Berührung, hier lernen wir die Dinge, um die es wirklich geht. Doch hier wird auch unser ganzer Einsatz gefordert, um die Aufgabe, die diese „Akademie des Lebens“ uns stellt, zu erfüllen. Doch das Diplom dieser Lebensakademie ist kostbarer als jedes andere Diplom.

Trotzdem werden wieder viele verständlicherweise sagen, dass sie auf dieses Diplom lieber verzichten würden, als um dieses Lebensdiploms willen ihren Partner verlieren zu müssen. Man kann erst über den Gewinn und über das Licht sprechen, wenn man das Dunkel und den Schmerz des Trauerprozesses vollkommen ernst nimmt.

DAS MODELL VON KÜBLER-ROSS

Elisabeth Kübler-Ross hat in ihrem berühmten Buch „Lektionen für Lebende“ die Phasen beschrieben, die jemand durchlebt, der sich auf den Tod vorbereitet. Die vier Hauptphasen, die sie nennt, sind: Die Phase der Verleugnung, die Phase der Wut, die Phase der Depression und die Phase der Hingabe. (Zwischen den ersten beiden und den beiden letzten Phasen nennt sie noch eine Zwischenphase, die Phase des „Feilschens“). In gewissem Sinne gelten diese vier Hauptphasen auch für den Trauerprozess. Das ist gut verständlich, denn die Vorbereitung auf den Tod stellt im Grunde auch das Durchleben eines Trauerprozesses dar – man trauert um das Leben hier auf Erden, das man loslassen muss, und um die Menschen, die man liebt und die man ebenfalls hier zurücklassen muss.

Wer die vorangegangenen Kapitel dieses Buches gelesen hat, wird gemerkt haben, dass ihnen ein ähnliches Grundmuster wie bei Kübler-Ross zugrunde liegt. Viele Menschen, die den Trauerprozess durchlebt haben, sagen oft, dass sie bei sich selbst nur ganz wenig von diesen verschiedenen Phasen bemerkt haben, die Kübler-Ross beschreibt. Ihrer persönlichen Erfahrung nach handelt es sich nicht so sehr um einen klar und deutlich erkennbaren Prozess, bei dem man allmählich von der einen Phase in die nächste wechselt, sondern um ein Chaos, das kaum zu begreifen oder zu überblicken ist. Das Leben selbst verläuft nun einmal nicht schematisch. Die lebendige Wirklichkeit ist immer vielschichtiger und chaotischer als jedes Schema. Zudem geht es beim Trauerprozess oft mehr ums reine Überleben, um einen mühsamen Neubeginn mit jedem Tag, der neu anbricht, sowie um das Ertragen der Kälte und der ungeheuren Einsamkeit, als darum, dass man inmitten all dieser heftigen Gefühle kühl und analytisch ein deutliches Grundmuster unterscheiden kann.

Und doch kann das Modell von Kübler-Ross einige Hilfe bieten. Denn im Nachhinein erkannte nahezu jeder, der mit dem unerwarteten Tod eines geliebten Menschen konfrontiert wurde, wie lange es dauerte, bis wirklich ins Innerste seines Herzens durchgedrungen war, dass sein geliebter Partner gestorben war und niemals mehr zurückkehren würde. Im Nachhinein erkennen viele also sowohl diese Phase der Verleugnung als auch jene der Wut, der Depression und der Annahme oder Hingabe, so wie es Kübler-Ross beschreibt. Doch diese Erkenntnis, Ordnung und Übersichtlichkeit entdecken sie meist erst später, indem sie darauf zurückblicken, und nicht solange sie sich darin befinden. Der wichtigste Beitrag des Modells von Kübler-Ross liegt für mich in der Hoffnung und in der Aussicht, die dadurch vermittelt werden – es kann eine Zeit kommen, in der wir wieder Frieden im eigenen Leben finden. Es kann wieder eine Zeit kommen, in der wir selbst wieder etwas vom Leben genießen können. Es kann eine Zeit anbrechen, in der wir wieder Wärme und Liebe erfahren und diese bis in unser Herz hinein zulassen können. Dieses Modell schenkt Mut und Kraft, um durchzuhalten, auch dann, wenn das Dunkel des Tunnels endlos scheint und die Einsamkeit manchmal nicht auszuhalten ist.

DER TRAUERPROZESS – EIN GANZ PERSÖNLICHER WEG

Oft hört man, dass Männer und Frauen den Trauerprozess auf verschiedene Weise durchleben. So wird erzählt, dass vor allem Frauen beziehungsorientiert sind und daher von der Verbindung mit ihrem geliebten Partner leben. Daher verlieren sie durch den Tod eines geliebten Partners, nach ihrem Empfinden, auch jeglichen Halt. Es ist, als würde ihnen der Boden unter den Füßen weggezogen. Die Beziehung zu dem Verstorbenen bildete ja die Essenz ihres Lebens. Bei Männern liegt die Sache meist anders. Sie sind anscheinend vor allem darauf ausgerichtet, etwas von sich selbst in die Welt zu bringen. Eine Frau steht der Außenwelt offen gegenüber, während der Mann viel zielgerichteter ist und etwas von innen nach außen tragen will. Aufgrund dieser unterschiedlichen Haltung durchlebt der Mann den Trauerprozess auch anders. Er redet weniger, hat oft sogar eine regelrechte Abneigung dagegen, vor allem wenn es darum geht, mit anderen über ganz persönliche Gefühle und Erfahrungen zu sprechen. Er handelt lieber, als zu reden. Daher beobachtet man oft, dass Männer sich in allerhand Beschäftigungen stürzen, um zu versuchen, ihr inneres Gleichgewicht zu bewahren. Allerdings sollte man sich auch vor Pauschalierungen in Acht nehmen, denn es gibt Frauen, die eine sehr männlich ausgerichtete Lebenshaltung haben, so wie es auch Männer gibt, die eine eher weibliche Lebenseinstellung zeigen. Darüber hinaus ist eine kulturelle und soziale Entwicklung im Gange, durch welche die ausgeprägten Unterschiede zwischen Mann und Frau immer mehr wegzufallen scheinen. Doch können wir an den dargestellten Unterschieden dennoch das eine oder andere aus dem alltäglichen Leben ablesen. Frauen haben oft das Bedürfnis, über ihren geliebten Verstorbenen zu sprechen, während die Männer entgegnen, dass sie endlos dasselbe sagen und niemals weiterzukommen scheinen. Sie kommen aber weiter, denn jedes Mal, wenn sie es erzählen, kann ihr eigenes Ich das Geschehen besser verarbeiten und besser begreifen, was geschehen ist. Männer gehen lieber so rasch wie möglich zur Tagesordnung über, um darin ihren Halt zu finden. Frauen sagen dann, dass Männer vor ihren eigenen Gefühlen weglaufen. Auch das ist nicht wahr, denn Männer finden in der Struktur der Arbeit den Halt, um im Stillen den Kummer und den Verlust zu ertragen und zu verarbeiten. Joke Forceville, die nach dem Tod ihres Mannes mehrere Bücher über die Trauerarbeit verfasst hat, schreibt in einem ihrer Werke: „Ich habe häufig festgestellt, wie Männer von ihrer Trauer erst durch die Liebe einer neuen Frau genesen sind. Frauen jedoch haben meist das Bedürfnis, erst ihren Kummer zu verarbeiten, bevor sie imstande sind, eine neue Beziehung einzugehen." Allein diese Unterschiede zeigen, wie der Trauerprozess verlaufen kann. Nicht alles, was für den einen gut ist, muss auch für den anderen gut sein. Auch für den Trauerprozess, und vielleicht sogar darüber hinaus, gilt, dass jeder sorgfältig in sein eigenes Innerstes hineinhorchen muss, um darin eine Führung für diesen schweren Weg durch das Dunkel zu finden.

ICH WEISS ES NICHT

Frag' mich nicht
Wie ich
Wieder herausgekommen bin –
Ich weiß es nicht.

Frag' mich nicht,
Was ich gedacht
Und gefühlt habe –
Ich weiß es nicht.

Ich weiß nur noch,
Dass ich keinen Weg
Mehr wusste,
Dass mir jeder Tag
Schwer fiel,
Dass jeder Tag
Ein Tag zu viel war.

Wie es wieder Licht geworden ist?
Ich weiß es nicht.
Alles, was ich weiß, ist,
Dass ich festgehalten wurde,
Dass ich Hilfe und Führung erfuhr.

Durch wen?
Ich weiß es nicht.
Doch an jedem Morgen
Sage ich: Ich danke dir.

9. TRÄUME WÄHREND DES TRAUERPROZESSES

Während des Trauerprozesses, doch auch danach, haben viele Menschen Träume, in welchen ihnen der Verstorbene erscheint. Meist hinterlassen diese Träume für lange Zeit einen tiefen Eindruck. Diese Träume haben zwei Funktionen oder Bedeutungen, und es ist wichtig, diese beiden gut voneinander zu unterscheiden.

In erster Linie handelt es sich um Verarbeitungsträume. Dies sind Träume, die uns helfen, unseren Kummer zu verarbeiten und zu akzeptieren, dass unser geliebter Partner wirklich gestorben ist. Es dauert in der Tat ziemlich lange, bis der Tod eines geliebten Mitmenschen wirklich bis in die tiefste Tiefe der Seele durchdringt. Man weiß wohl, dass der andere gestorben ist, doch die Seele kann es noch nicht fassen. Daher erleben auch viele Menschen in der ersten Zeit danach Träume, in welchen Bilder des geliebten Partners auftauchen, der wie gewohnt von seiner Arbeit nach Hause kommt, oder von der Partnerin, die gegen Mittag ganz mit Essenkochen beschäftigt ist. Eltern erhalten Traumbilder von ihrem Kind, das noch wie gewohnt ins Spiel versunken ist, als sei überhaupt nichts geschehen, und als sei all das, was sie mitgemacht haben, nur ein böser Traum gewesen. Es dauert manchmal lange, bis die Traumbilder vom Tod eines Partners Szenen von der Bestattung oder der Einäscherung zeigen. Wenn diese Traumbilder erscheinen, ist die Seele endlich bereit zu akzeptieren, dass der Tod unwiderruflich ist und der Verstorbene niemals mehr zurückkehren wird – jedenfalls nicht in diesem Leben. So können diese Verarbeitungsträume verdeutlichen, wie weit der Bewusstwerdungsprozess vorangeschritten ist und wie weit die Seele das Unbegreifliche schon akzeptiert hat. In diesem Sinne sind Träume also eine Art Gradmesser und ein Spiegelbild des Fortschrittes auf dem Weg durch den dunklen Tunnel des Kummers. Doch neben diesen Träumen gibt es auch noch andere. Träume, aus welchen eine Art Botschaft von der anderen Seite des Todes abzulesen ist. So erzählte eine Frau, deren Tochter fünf Wochen nach der Geburt verstarb, dass sie zwei Jahre später folgenden Traum hatte:

In meinem Traum sah ich mein Töchterchen in einem schönen Holzsarg liegen, ihr Köpfchen von herrlichen weißen Blumen umrahmt. Sie war tot, doch in welcher Pracht lag sie da! Ich dachte: „Siehst du wohl, sie ist wirklich tot." Doch dann, plötzlich, setzte sie sich aufrecht hin und blickte mich mit strahlendem Lachen an. Daraufhin sagte sie: „Ich bin gar nicht tot, ich lebe."

Dieser Traum verdeutlicht, dass die Mutter innerlich den Tod verarbeitet und ihn bis in die Tiefe ihrer Seele akzeptiert hatte. Es war ihr wirklich bewusst: Sie ist tot und kommt nie mehr zurück. Der Anfang des Traumes spiegelte daher dieses Akzeptieren des Todes wider. Doch dann scheint ihre Tochter plötzlich zu leben und erzählt ihrer Mutter strahlend, dass sie nicht wirklich tot ist, sondern lebt. Gerade in diesem Moment, da die Mutter die unabänderliche Wirklichkeit akzeptiert hat, wird ihr etwas anderes erzählt – der Tod ist nicht das Ende, sondern unsere geliebten Mitmenschen leben auf der anderen Seite des Todes auf andere Weise, in einer anderen Dimension, weiter.

Die Mutter erzählte dann auch, dass dieser Traum einen tiefen Eindruck bei ihr hinterlassen hatte. Sie vergaß ihn nie mehr.

Die esoterische Tradition überliefert, dass unsere Träume mehr sind als nur Träume. Wenn wir schlafen, treten wir aus unserem Körper aus und in die geistige Welt ein. An das, was wir dort erfahren und erleben, erinnern wir uns manchmal am folgenden Morgen, jedoch verschwommen, als Traum. Wir können die Tatsache, dass wir nachts aus unserem Körper austreten und morgens wieder in ihn zurückkehren, auch an einer Erfahrung erkennen, die viele Menschen machen, wenn sie nämlich manchmal morgens mit einem Schock aufwachen. Dieser Schock entsteht, wenn der feinstoffliche Körper nicht geschmeidig, sachte gleitend, in den physischen Körper zurückkehrt, sondern ein wenig ungestüm und unsanft „landet".

Manche Menschen kennen auch aus eigener Erfahrung die Tatsache, dass sie sich oft in dem Augenblick, in dem sie wirklich wach werden, nicht sofort bewegen können – weder ihre Hände noch ihre Füße und schon gar nicht den ganzen Körper. Das rührt daher, dass ihre feinstoffliche Form nach ihrer Rückkehr aus der geistigen Welt noch nicht ganz in den physischen Körper eingetreten ist. Wenn man dann geduldig und still liegen bleibt, ohne in Panik zu geraten, kann man sich nach wenigen Augenblicken wieder ganz normal bewegen und die Augen öffnen.

Wenn wir uns dies bewusst machen, dann wird verständlich, dass manche Träume von einem Verstorbenen in der Tat die Wiedergabe einer echten Begegnung mit ihm in der geistigen Welt sind. Bei unserem Austritt aus dem Körper traten wir in die geistige Welt ein, wo uns der Verstorbene entgegenkam. Im oben beschriebenen Traum war die Mutter ihrem Töchterchen also wirklich begegnet. Ihre Tochter hatte ihr persönlich die Botschaft mitgegeben, dass der Tod nicht das Ende ist, sondern der Beginn eines neuen Lebens. Wenn nun die Tochter ihre Mutter mit einem solch strahlenden Lächeln anblickt, dann will das sagen, dass ihr Leben auf der anderen Seite des Todes ein glückliches Leben ist. Es ist daher verständlich, dass dieser Traum einen solch tiefen Eindruck bei der Mutter hinterlassen hat und sie ihn nicht mehr vergessen kann. Wie sollte man auch das Wiedersehen mit einer geliebten Verstorbenen jemals wieder vergessen können?

Eine andere Frau, deren Mann sieben Monate zuvor verstorben war, träumte Folgendes:

Im Traum stieg ich eine Treppe hoch. Dann sah ich auf einmal dort oben meinen Mann stehen. Er sah viel jünger aus, hatte blondes anstatt braunes Haar. Es sah mich nicht, ich ihn hingegen sehr wohl. Ich verharrte und schaute ihn an, wobei ich dauernd dachte: „Ja, er ist es wirklich."

In diesem Traum steigt die träumende Frau eine Treppe empor. Diese Treppe symbolisiert den Austritt aus dem Körper und den „Weg ins Jenseits". Dort sieht sie ihren Mann. In ihrem Traum sieht ihr Mann aber viel jünger aus. Auch dies ist etwas, was in vielen Träumen über ältere Verstorbene wiederkehrt – sie sehen jünger aus. Wenn wir etwas aus ihrem neuen Leben empfangen dürfen, dann sehen wir sie in der Kraft ihres irdischen Lebens, also etwa im Alter zwischen dreißig und fünfunddreißig Jahren. Auf der anderen Seite des Todes gibt es ja kein Altern, keinen Verfall und keinen Tod. Dort werden wir wieder die kräftigen Menschen, die wir damals waren, dann jedoch nicht im physischen, sondern im geistigen Sinne. Daher erscheinen uns ältere Verstorbene in unseren Träumen wieder als jüngere Menschen.

Die Frau sieht auch, dass das Haar ihres Mannes nicht braun, sondern blond ist. Das blonde Haar symbolisiert die Lichtkraft der Welt auf der anderen Seite des Todes. Das Haar symbolisiert auch unsere Lebenskraft. Denken wir an die biblische Geschichte von Samson, dessen Haar geschoren wurde und der dadurch alle seine besonderen Kräfte verlor. Die Tatsache, dass der Mann im oben beschriebenen Traum nun blondes Haar hatte, symbolisiert, dass er jetzt vom Licht der geistigen Welt genährt wird und nicht mehr aus irdischer Kraft lebt.

Nicht alle Träume über Verstorbene sind echte Begegnungen. Manchmal steigen wir nämlich in unserem Traum nicht in höhere Dimensionen auf, sondern bleiben in den niederen geistigen Sphären, wo wir vor allem Bilder erhalten, die uns helfen, das zu verarbeiten, was sich in unserem Leben abgespielt hat. Ein Beispiel für einen solchen Verarbeitungstraum ist der folgende Traum einer Frau, die ihre kranke Mutter jahrelang versorgt hatte. Ein Jahr nach dem Tod ihrer Mutter hatte sie folgenden Traum:

In meinem Traum musste ich noch immer für meine Mutter sorgen. Ab und zu sah ich, wie sich ihr Gesicht vor Schmerz verzerrte. Ich sah auch, wie traurig sie war, wie abgemagert und eingefallen durch ihre Krankheit. Ich kann dieses Bild gar nicht mehr loswerden.

Dieses Traumbild ist ganz deutlich eine Spiegelbild dessen, was diese Tochter mit der Mutter während ihrer Krankheit durchgemacht hatte. Es sagt daher auch nichts über ihr neues Leben auf der anderen Seite des Todes aus, sondern beschreibt alles über das Leben vor dem Tod und vor allem über die Art und Weise, wie die Tochter dies erlebte. Die Tochter beginnt nun erst zu verarbeiten, was sich in diesen Jahren während der Fürsorge für ihre Mutter alles abspielte. Sie beginnt jetzt erst, den Kummer und Schmerz über den Verfall ihrer Mutter zu spüren. Wahrscheinlich war zu Lebzeiten ihrer Mutter kein Raum für diese Gefühle. Damals musste sie flink sein, damals musste sie fürsorglich sein, und es blieb keine Zeit für ihren Kummer. Doch jetzt, ein Jahr nach dem Tod ihrer Mutter, gibt es endlich Raum und Zeit, um das zu fühlen und zu verarbeiten, was sie damals nicht fühlen konnte. Dies ist folglich ein typischer Verarbeitungstraum. Es ist wichtig zu lernen, gut zu unterscheiden, wann ein Traum von einem Verstorbenen ein Verarbeitungstraum ist und wann es sich um eine echte Begegnung handelt. Wenn die Tochter den oben erwähnten Traum als echte Begegnung auffasste, würde sie womöglich denken, dass die Mutter dort, im neuen Leben auf der anderen Seite des Todes, weiterhin noch schwer krank sei und Kummer litte.

Eine Frau träumte drei Monate nach dem Tod ihres Mannes Folgendes:

Ich betrat einen Saal, es schien ein Festsaal zu sein, gefüllt mit lauter fröhlichen und glücklichen Menschen. Mitten unter diesen Menschen sah ich meinen Mann stehen. Er trug prächtige Kleider. Sie waren offensichtlich neu und ganz in grüner Farbe, genau in dem Grünton, der die Lieblingsfarbe meines Mannes war. Er hielt ein Glas Wasser in seiner Hand. Das fand ich merkwürdig, denn in seinem ganzen Leben auf Erden hatte er eine Abscheu gegen Wasser. Er sagte immer: „Wasser ist für die Frösche da."

Die Frau berichtete, dass sie diesen Traum als sehr beruhigend empfunden hatte und er ihr die Botschaft übermittelte, dass ihr Mann in dem neuen Leben, das nun für ihn begonnen hatte, glücklich war. Die Details des Traumes sind vielsagend. Er hatte neue Kleider an, und zwar in seiner Lieblingsfarbe. Die Kleider symbolisieren seine neue Gestalt und seine neue Lebenseinstellung, die er in der geistigen Welt angenommen hat. Wasser ist das Symbol für das neue, das ewige Leben. In der Bibel wird es auch „Wasser des Lebens" genannt, und wir sprechen vom „lebendigen Wasser". Das Wasser ist also das Symbol für ein neues, geistiges Leben. Auch von diesem Traum können wir sagen, dass er ein Begegnungstraum ist, wenngleich der Mann seine Frau in diesem Traum nicht gesehen und sie nicht miteinander gesprochen hatten. Doch die Tatsache, dass sie ihn gesehen hatte und mit eigenen Augen wahrnehmen durfte, dass es ihm gut ging, war wohltuend.

Eine Frau hatte vier Jahre nach dem Tod ihres Mannes folgenden Traum:

Ich kam in ein mir fremdes Haus, in dem sich auch mein Mann befand. Er hatte ein Baby auf seinem Arm, doch das Sonderbare war, dass er dieses Baby selbst geboren hatte. Er sagte dies zwar nicht, doch ich wusste es einfach. Er bot mir das Kind an, doch ich geriet in Verwirrung darüber. Das konnte doch nicht wahr sein? Ein Kind kann doch nicht von einem Mann geboren werden?

Auch bei diesem Traum handelte es sich um eine echte Begegnung. Der Mann hatte ein Kind bekommen, von ihm selbst geboren. Nun ist ein Kind in Träumen immer das Symbol für neue Möglichkeiten und für neue Lebenskräfte. Es handelt sich daher auch immer um ein positives Symbol der Lebenserneuerung. Der Mann, der in der geistigen Welt ein Kind bekommen hatte, deutet auf die innere Erneuerung und Transformation hin, die er erfahren durfte – er war ein neuer, ein anderer Mensch geworden. Dann reicht der Mann seiner Frau das Kind, was bedeutet, dass er etwas von seinen neuen Lebenskräften an sie weiterschenken will. Das ist etwas, was wir oft hören, sowohl aufgrund von Träumen als auch aufgrund von Botschaften Verstorbener, dass Menschen, die in die geistige Welt hinübergegangen sind, das Bedürfnis haben, ihren geliebten Hinterbliebenen zu helfen und ihnen etwas von dem zu schenken, was sie dort, auf der anderen Seite des Todes, als neue Lebenskräfte empfangen durften. Sie bleiben uns weiterhin verbunden und wollen uns auf diese neue Weise helfen. Sie wollen uns helfen, indem sie uns in aller Stille inspirieren und mit geistiger Lebenskraft erfüllen. Nicht umsonst sagte jemand, der im Sterben lag, zu seiner Frau: „Vergiss' nicht, dort kann ich mehr für dich tun, als ich es hier vermag." Das ist in jeder Hinsicht wahr! Doch weil diese Geschenke unserer lieben Mitmenschen immer unsichtbar sind und uns in aller Stille geschenkt werden, ohne dass wir dies bewusst erfahren, bemerken wir es in der Regel nicht. Daher entgeht uns leider, was unsere geliebten Mitmenschen in der geistigen Welt alles für uns tun.

In dem oben beschriebenen Traum gerät die Frau in Verwirrung, weil ihr Mann ihr das Kind entgegenstreckt. Sie kann nicht verstehen, dass ihr Mann ihr wirklich etwas aus der geistigen Welt zu geben hat, und das geht vielen Menschen so, weil dieses Wissen in der heutigen Zeit verloren gegangen ist. Wie kann es sein, dass Verstorbene etwas für uns tun können? Der Traum zeigt deutlich, dass dies durchaus möglich ist und der Mann tatsächlich seiner Frau sein Kind – seine neue Geisteskraft – anbietet.

Anhand dieser wenigen Traumbeispiele wird deutlich, wie sehr Träume uns während des Trauerprozesses helfen können. Sie helfen uns zu verarbeiten und erzählen uns, wie weit wir auf diesem mühsamen Weg durch den dunklen Tunnel vorangekommen sind. Darüber hinaus können Träume großen Trost schenken und neue Erkenntnisse anbieten, wenn wir in unseren Träumen unseren geliebten Verstorbenen begegnen dürfen. Dabei dürfen wir nicht vergessen, dass unsere Lieben jetzt mit einem höheren Wissen leben. Die Beschränkungen des irdischen Lebens sind von ihnen abgefallen und damit auch die Kurzsichtigkeit. Sie können nun sehen, welches die Lebensaufgabe und der Lebensauftrag ihrer geliebten Mitmenschen sind, die auf Erden zurückblieben. Die Liebe bringt sie stets wieder dazu, ihre Lieben auf Erden mit diesem Wissen zu inspirieren und ihnen beizustehen. Allerdings ist diese Hilfe eine versteckte Hilfe, doch deshalb ist sie nicht weniger wahr. Liebe währt ewig – und der Tod kann ihr kein Ende setzen. Die Liebe verändert sich nur in Farbe und Form, aber sie bleibt dennoch bestehen!

ICH WEISS ES

Ich weiß: du lebst
Dort in dem Land des Lichtes.
Du bist nicht tot,
Du lebst.
Ich weiß es
In meinem Herzen.
Ich weiß: die Liebe,
Die uns eint, stirbt nie.
Die Liebe kann nicht sterben,
Denn sie währt ewiglich.
Daher bleiben wir
In Liebe
Eng verbunden,
Du dort, ich hier.

Ich weiß: du sorgst
Für mich
Aus deinem Reich,
Wo du nun lebst.
Du siehst,
Was verborgen ist,
Kennst die Lebenslektion,
Die ich zu lernen habe,
Die Mission,
Die ich erfüllen soll.
Mit all deiner Kraft,
Inspiriere mich
Und steh' mir bei.

Ich weiß:
Du bist nicht tot,
Du lebst.

Ich schicke dir
All die Liebe
Aus meinem Herzen,
So dass auch du kannst fühlen:
Unsere Liebe währet ewiglich.

10. EINE BLEIBENDE VERBINDUNG

Zum Abschluss dieses Buches will ich noch etwas über die fortdauernde Verbindung zwischen denjenigen sagen, die hier auf der Erde zurückbleiben, und ihren Lieben, die verstorben sind. Aus amerikanischen Studien geht hervor, dass mehr als fünfzig Prozent der Amerikaner, die einen geliebten Partner verloren, nach seinem Tod das eine oder andere Lebenszeichen empfangen haben. Über fünfzig Prozent! Merkwürdigerweise findet diese Tatsache wenig Aufmerksamkeit, wahrscheinlich vor allem deshalb, weil sie meist nicht ernst genommen wird. Außenstehende können sich solche Erfahrungen einfach nicht vorstellen und halten sie für Fantasie oder Wunschdenken. Doch für diejenigen, die ein solches Lebenszeichen von der Welt auf der anderen Seite des Todes erhalten haben, ist eines deutlich geworden – mit dem Tod endet die Verbindung zu unseren Lieben nicht, sie wird vielmehr auf einer anderen, höheren Ebene fortgesetzt. Auch die esoterische Tradition anerkennt diese bleibende Verbindung ganz deutlich. Die Liebe währt ewig. Liebe kann nicht sterben. Unsere geliebten Partner betreten mit ihrem Tod eine neue, geistige Welt, um dort ihren „Weg ins Jenseits" fortzusetzen. Doch auch in dieser Welt bleiben sie noch mit allen, mit welchen sie hier auf Erden in Liebe verbunden waren, in Kontakt. So sehr, wie wir hier auf Erden unsere lieben Verstorbenen in unserem Herzen bewahren, so sehr tragen jene uns dort in ihrem Herzen mit.

Darüber hinaus können sie aufgrund des größeren Wissens, das ihnen dort zuteil wird, erkennen, welches unsere ganz persönliche Lebensmission ist und welches die Lebenslektionen sind, um derentwillen wir auf die Erde kamen. Gerade weil sie nun dazu in der Lage sind, können sie uns unsichtbar jene Hilfe schenken, die wir benötigen, um diesen Auftrag auf die richtige Weise zu erfüllen. Wir können die Verstorbenen dann zwar nicht mehr anfassen und umarmen; sie mögen auch nicht mehr greifbar anwesend sein, doch sie können uns nun sehr wohl auf eine neue, geistige Weise inspirieren und beistehen. Sie umhüllen uns mit ihrer Liebe und mit ihrem Wissen. Sicherlich sagt man nicht umsonst, dass unsere Geliebten tatsächlich von der geistigen Welt aus mehr für uns tun können, als zu der Zeit, als sie noch in einem physischen Leib bei uns waren. Wenn man dies zu sich durchdringen lässt, kann man etwas von der Größe erspüren, die diese neue Verbindung mit den Verstorbenen hat!

Umgekehrt können auch wir unseren Lieben auf der anderen Seite des Todes zur Seite stehen. Wir können ihnen unsere dauerhafte Liebe und Inspiration schenken, die ihnen helfen, in dieser neuen Welt den richtigen Weg in die Lichtsphäre zu finden, wo ihr wirkliches Zuhause ist. Die Liebe stirbt nicht. Die Liebe bleibt für allezeit lebendig, selbst wenn der eine hier auf Erden lebt und der andere in der geistigen Welt. Daher bleiben wir einander verbunden, wo wir uns auch befinden. Unsere Verbindung in Liebe bleibt dauerhaft bestehen, lediglich Ebene und Inhalt dieser Verbindung ändern sich. Das ist das überraschende Licht, das die esoterische Tradition auf die Frage wirft, ob die Menschen hier auf Erden noch in Verbindung mit ihren Verstorbenen stehen.

Doch was können wir wirklich von der Erde aus für unsere Lieben tun, die verstorben sind?

Um das richtig zu verstehen, müssen wir erst einmal voll und ganz verstanden haben, dass unsere Lieben nun in einer geistigen Welt leben und unsere Verbindung daher nur noch auf der geistigen Ebene besteht. Für sie sind, in ihrer neuen Lebenswelt, allein diese geistigen Impulse maßgebend. Doch was sind dies für geistige Kräfte und Impulse, für die sie empfänglich bleiben, auch wenn sie nun in der Welt hinter dem Schleier leben? Unsere Lieben hören alles, was wir sagen, und wissen alles, was wir denken. Unsere gesprochenen oder gedachten Worte sind geistige Kräfte, die folglich nicht nur auf Erden gehört werden können, sondern auch in den geistigen Sphären. Für diese geistigen Kräfte bleiben unsere Lieben erreichbar und empfänglich. Vielen von uns ist dies im ersten Moment nur schwer begreiflich, weil wir in unserer westlichen Kultur bestimmt nicht damit in Berührung gekommen sind. Doch die esoterische Tradition bestätigt es. Viele Menschen haben dies in der heutigen Zeit erleben dürfen. Die Fragen, die sie hatten, wurden unerwartet und unvermittelt von ihren Lieben auf der anderen Seite des Seins beantwortet. Diese Antworten erfolgten manchmal wie eine hörbare menschliche Stimme von außen, doch häufiger als deutlich erkennbare innere Stimme. Die Empfänger wussten jedoch sofort mit tiefer innerer Gewissheit – das ist er oder das ist sie.

Nun berichtet die esoterische Tradition, dass es insbesondere drei geistige Impulse gibt, mit welchen wir unsere Lieben „auf der anderen Seite des Seins" inspirieren und ihnen helfen können. Diese drei sind der Impuls *unserer bleibenden Liebe*, der Impuls *unserer Dankbarkeit für das, was unsere Lieben uns durch ihr Leben geschenkt haben* und der Impuls des *Mutes*, den wir aufbringen, um hier auf Erden ohne die direkte Nähe unserer lieben Verstorbenen weiterzuleben. Diese geistigen Geschenke sind, jedes für sich, nicht selbstverständlich. Wie kann man Liebe empfinden, wenn innerlich alles tot ist, weil man sich so schrecklich allein fühlt? Wie kann man denn dankbar sein, wenn man einen solch großen Verlust erlitten hat? Und wo holt man den Mut her, um hier auf Erden allein weiterzuleben? Wie kann man Zukunftsvisionen haben, wenn das ganze Herz nach der Zeit hungert, als der geliebte Partner noch anwesend war? Die geistigen Geschenke, die wir unseren Lieben nach ihrem Tod mitgeben können, sind dann auch bestimmt nicht selbstverständlich und leicht. Wir müssen hart dafür arbeiten, um mitten im Verlust und im Kummer in uns die Dankbarkeit dafür zu entfalten, dass wir diesen Menschen in unserem Leben begegnen durften. Wir müssen auch hart dafür arbeiten, um den Mut zu schöpfen, auch ohne den anderen weiterzuleben und dennoch etwas im Leben zu schaffen. Nur wer nicht verhärtet und verbittert bleibt, sondern den Mut hat, durch die Tränen und den Schmerz über den Verlust hindurch zu gehen, wird diese Dankbarkeit und diesen Mut in sich selbst finden können. Nur derjenige wird also in der Lage sein, seinen Lieben auf der anderen Seite des Seins inspirierende Geschenke auf ihrem „Weg ins Jenseits" mitzugeben. Wir erkennen, ob wir unseren Lieben wirklich etwas auf die Reise mitgeben können und ihnen auch wirklich verbunden bleiben, wenn wir unserem Schmerz und Verlust nicht davonlaufen, sondern bereit sind, sie zu durchleben. Nur wer bereit ist, sie zu durchleben, wird diese Dankbarkeit und diesen Mut auch als Gewinn aus dem Kummer und der Ohnmacht davontragen.

Es ist für uns nur schwer begreiflich, dass diese geistigen Geschenke den Verstorbenen im Jenseits wirklich bereichern. Wir können kaum glauben, dass diese Geschenke für unsere Lieben auch wirklich wichtig sind. Doch vergessen wir eines nicht: Unser lieber Partner wird ebenso an uns denken, wie wir an ihn. Er bleibt uns so innig verbunden, wie wir ihm. Daher tut es ihm wirklich gut, wenn er erfahren darf, dass unser Herz ihn weiterhin auf seinem neuen Lebensweg inspirieren will. Es ist auch wirklich ein großer Anreiz und eine tiefe Freude für die Verstorbenen, wenn wir unsere Liebe, unsere Dankbarkeit und den Mut weiterzuleben, unsererseits ganz konkret an sie weitergeben. Dies macht den „Weg ins Jenseits" für sie um Etliches unbeschwerter, fröhlicher und leichter.

Die esoterische Tradition überliefert, dass wir unseren Lieben diese Geschenke ständig überreichen können. Bei einem Waldspaziergang können Sie an ihren Partner denken und im Geist eine schöne Erinnerung wachrufen, bei der Ihnen von innen her warm ums Herz wird. Mit dieser Wärme können Sie dann Ihre bleibende Liebe und Dankbarkeit aus Ihrem Herzen ihm zuströmen lassen. Dies bereichert den anderen unmittelbar! Sie können dies auch in einem Gebet, während einer Meditation oder kurz vor dem Schlafengehen tun. Es geht eigentlich nur darum, dass Sie bewusst, mit all Ihrer inneren Aufmerksamkeit, hierbei verharren, so dass Sie wirklich Ihre ganze Liebe „zur anderen Seite des Seins" lenken können. Wie ich bereits erwähnte, wirkt dies ganz direkt. *Jede geistige Handlung unseres Herzens wirkt unmittelbar auf die geistige Welt ein und setzt dort geistige Kräfte in Bewegung!*

Doch wie bleibt unser lieber Partner uns von dieser anderen, größeren Welt aus weiterhin verbunden? Wie lebt er mit uns weiter? Was können die Verstorbenen konkret für uns tun?

Bei der Beantwortung dieser Fragen ist es wichtig zu wissen, wie unsere Lieben uns nun aus der geistigen Welt heraus wahrnehmen und sehen. Sie sehen uns wirklich, jedoch ganz anders als damals, als sie sich noch in einem Körper auf Erden befanden. Damals sahen sie unser Gesicht, betrachteten unseren Ausdruck und blickten in unsere Augen. Sie sahen auch, was wir taten, und hörten, was wir sagten. So lernten sie uns kennen, so lebten sie mit uns. Doch nun, in der geistigen Welt, haben sie kein Auge mehr für die Materie unseres Körpers. Sie sehen unseren Körper als großen, schwammigen Nebel. Doch was ihnen zu Lebzeiten auf Erden verborgen war, unser Innerstes und was unser Herz bewegte, das sehen sie jetzt. Denn unser Innerstes ist unsere geistige Wirklichkeit. Aus der geistigen Welt heraus haben unsere lieben Verstorbenen nun einen schärferen Blick für diese geistige Wirklichkeit. Sie blicken direkt durch den Nebel unseres Körpers hindurch auf die Regungen unseres Herzens und sehen alles, was sich darin rührt und uns aufwühlt. Was sie darin sehen, wirkt sich auch immer auf sie aus. Sie sehen beispielsweise die Weisheit und Erkenntnis, die wir durch unseren Kummer erringen. Diese sind für sie eine Offenbarung, die ihnen neue Einsichten vermittelt. Sie lernen gleichsam gemeinsam mit uns. Unsere Erkenntnisse werden zu ihren Erkenntnissen, werden ihnen als Geschenk zuteil.

Was ich gerade niederschrieb, ist schon eine merkwürdige Behauptung, dass nämlich unsere Lieben auf der anderen Seite des Seins durch die bleibende Verbindung mit unserem Herzen und durch das, was sie aus unserem Herzen in sich aufnehmen, lernen und wachsen können. Das klingt unverständlich, weil sie nun in einer Welt von Weisheit leben, die sie ganz direkt in sich aufnehmen können. Warum brauchen sie dann noch unsere Weisheit, um wachsen zu können? Weil unsere Weisheit und unsere Erkenntnis einzigartig sind, denn diese haben wir durch Schmerz, Kummer und Kampf gegen das eigene Ego errungen. Daher ist irdische Weisheit eine einmalige Weisheit, die man nur auf Erden erwerben kann. Denn die Weisheit in der geistigen Welt ist eine direkte Weisheit, die unvermittelt in unser Herz einströmt. Doch die irdische Weisheit ist eine bewusste Weisheit, weil wir sie all jenen dunklen Kräften, die auf Erden herrschen, abgerungen haben. Deshalb können unsere Lieben auf der anderen Seite des Seins in bewusster Weisheit noch immer weiterwachsen, wenn sie diese über uns in ihr eigenes Herz aufnehmen können.

Darüber hinaus ist es so, dass unsere Lieben hinter dem Schleier jetzt sehen, welches unsere Lebensmission ist. Aus diesem höheren Wissen heraus sprechen sie auch in der Stille zu unserem Herzen, feuern uns an und versuchen, uns dahingehend zu inspirieren, dass wir auch wirklich zu den Lebenslektionen finden, für welche wir gekommen sind, damit wir diese nicht achtlos liegenlassen. Sie lernen folglich von unserer Weisheit, doch sie schenken uns auch ihrerseits ihre umhüllende und bleibende Liebe und Inspiration.

In meiner inneren Wahrnehmung habe ich es häufig erlebt, dass Verstorbene, die ich selbst nicht kannte, auf mich zukamen und mich baten, eine Botschaft an einen geliebten Partner hier auf Erden weiterzugeben. In dem Augenblick, in dem sie bei mir im Zimmer standen, wusste ich sofort: „Oh, das ist der Vater von dem und dem" oder „Das ist die Tochter von dem und dem." In den geistigen Dimensionen braucht man sich niemandem vorzustellen, denn dort wirkt das telepathische Wissen. Ich stellte bei diesen Begegnungen fest, dass es für die Verstorbenen ganz wichtig war, ihre lieben Hinterbliebenen hier auf Erden im Herzen zu berühren und mit ihnen in Verbindung zu treten. Ich stellte auch fest, wie sehr sie danach verlangten, dass ihre Hinterbliebenen auf Erden sich innerlich für ihre bleibende Liebe und ihre unsichtbare Anwesenheit öffneten. Erst wenn der Hinterbliebene sein Herz öffnet, können die Verstorbenen ihn auch wirklich bereichern; und erst dann können sie auch selbst diese bleibende Verbindung erfahren. Es hängt also von uns hier auf Erden ab, ob unsere Verstorbenen auf der anderen Seite sich dauerhaft mit uns verbunden fühlen dürfen. Es ist für die Verstorbenen ganz schmerzlich und kummervoll – ich kann keine besseren Worte finden, um dies auszudrücken – wenn wir so tun, als ob „tot" tot bedeutet und wir uns nicht bewusst machen, dass sich unsere liebevolle Verbindung nun auf einer neuen, geistigen Ebene fortsetzen kann. Durch dieses Unwissen brechen wir eine bleibende Verbindung ab – und das verursacht bei den Verstorbenen auf der anderen Seite des Seins viel Schmerz. Daher kamen einige auf mich zu und baten mich, ihren Lieben hier auf Erden eine Botschaft zu übermitteln, damit diese Verbindung wieder hergestellt werden konnte. Wenn wir uns erst einmal innerlich für unsere geliebten Verstorbenen geöffnet haben, können sie uns auch mit den Kräften ihres höheren Selbst – mit den Kräften des verborgenen Christus in ihnen – umhüllen. Jenes höhere Selbst ist auf ihrer Reise durch die geistige Welt frei geworden und ans Licht getreten. Mit diesen göttlichen Kräften wollen sie uns nun helfen und beistehen. Doch ist dies nur möglich, wenn wir selbst empfangsbereit für diese Kräfte und Geschenke sind.

Das wichtigste Geschenk, das wir unseren Lieben – und uns selbst – folglich bereiten können, besteht darin, für diese bleibende Verbindung empfänglich zu werden und somit erreichbar für die zarten, doch so überaus liebevollen Kräfte, mit welchen sie uns umhüllen möchten.

ÜBER DEN AUTOR

Der holländische Pfarrer versteht es auf überaus einfühlsame Weise, in seinen Büchern und Vorträgen den Menschen die Gewissheit vom Weiterleben nach dem Tod und vom wunderbaren Wirken der Engel zu vermitteln.

Weitere Informationen finden Sie auf
seiner persönlichen Website:
www.hansstolp.nl

Hans Stolp
Die ersten drei Tage im Jenseits
Was die Seele unmittelbar nach dem Ablegen des Körpers durchlebt
Paperback, ISBN 978-3-89427-657-7

Hans Stolp hat in seinen Büchern immer wieder über die Unsterblichkeit der Seele geschrieben. Er hat die mystischen Traditionen der Welt erforscht und überall den Glauben an ein ewiges Leben angetroffen. Vor allem aber hat er in diesen Quellen bestätigt gefunden – was er selbst erlebt hat!
Als Pfarrer und Sterbebegleiter hat er an unzähligen Sterbebetten gesessen und den Menschen bei ihrem Übergang in eine höhere Welt geholfen. Zum ersten Mal schildert er in diesem Werk seine tiefsten Eindrücke über das Geschehen in den heiligen Momente des Freiwerdens von aller Erdenschwere.
Damit liegt erstmals in der abendländischen Tradition eine vergleichbare Erkenntnis vor, wie sie das östliche Denken im „Tibetischen Totenbuch“ besitzt. Ein einzigartiger „Reisebegleiter“ für jene, die abreisen, und für diejenigen, die zurückbleiben müssen!

Hans Stolp
Michael
Der Erzengel des Neuen Zeitalters
Paperback, ISBN 978-3-89427-826-7

Hans Stolp gilt als einer der angesehensten „Engel-Experten“ der Gegenwart. Seine Bücher über das Reich der Engel sind in zahllosen Auflagen erschienen und in alle großen Weltsprachen übersetzt worden.
Die Engel, deren Existenz in einer vom Materialismus geprägten Zeit lange geleugnet wurde, sind inzwischen wieder in der Mitte der Gesellschaft angekommen. Für die meisten Menschen spielen sie eine bedeutende Rolle als „Schutzengel“, die im täglichen Leben über ihre irdischen Schützlinge wachen.
Wer sich bewusst auf die herabströmende „Michaels-Energie“ einzustellen vermag, wird teilhaben an den bevorstehenden Veränderungen und ein aktiver Mitarbeiter im „Weinberg des Herrn“ werden.

Hans Stolp
Die Sterbestunde
Bewusstes Abschiednehmen
Hardcover, ISBN 978-3-89427-933-2

Hans Stolp hat viele Jahre als Krankenhauspfarrer an den Betten von sterbenden Menschen gesessen. Er hat unzählige Hände gehalten und zahllose Tränen getrocknet. Er hat Trost gespendet, Mut gemacht und Hoffnung vermittelt. Es gibt kaum ein vergleichbares Werk, in dem der Leser so Anteil nehmen kann und so unmittelbar in die letzten Momente eines Menschen eingebunden ist. Die „Sterbestunde" ist eine heilige Stunde, die es achtsam und behutsam zu verbringen gilt. Es gibt Unerledigtes aufzuarbeiten, Streit zu beenden oder Verzeihung zu gewähren. Für alle Prozesse am Ende eines Lebens gilt es: Stille einkehren zu lassen und innere Ruhe zu bewahren.

Hans Stolp
Der kosmische Lebensplan
Der führung der Seele vertrauen
Paperback, ISBN 978-3-89427-788-8
Es ist eine uralte spirituelle Überlieferung, dass eine Menschenseele, bevor sie auf der Erde inkarniert, in der Geistigen Welt mit ihren lichten Helfern ihren „Lebensplan" bespricht. Diesen prägt sie sich dann in ihren innersten Wesenskern ein, um ihn in der kommenden Inkarnation zu verwirklichen. Hans Stolp greift dieses alte Wissen auf und macht es für die Menschen der Gegenwart neu zugänglich. Wer in seinem Inneren lauschen und seine wahrhafte Bestimmung erkennen kann, der wird im Einklang mit den großen Gesetzen des Lebens seinen Alltag meistern. Er wird auch die Sinnhaftigkeit bestimmter Prüfungen verstehen und vertrauensvoll sein Weg fortsetzen. Ein wundervoll ermutigendes Buch, das hilft, die Herausforderungen des Lebens zu meistern und stets den Sinn in allen Geschehnissen zu erschauen!

Bleib, mein goldener Vogel
Ein sterbendes Kind erzählt

Hans Stolp hat in seinem Leben als Pfarrer viele Sterbende begleitet, darunter auch – und das waren stets besonders schwere Stunden – viele sterbende Kinder. In diesen existenziellen Erfahrungen des Menschlichen verschwimmen manchmal die Grenzen zwischen den Welten – und der Himmel kommt der irdischen Welt ganz nahe.
Aus einem dieser kostbaren Augenblicke heraus wurde die Erzählung des „Goldenen Vogels" geboren. Sie gibt ein Erleben wieder, als „hätte der Himmel die Erde still geküsst". Es ist eine Geschichte voller Mitgefühl, stiller Traurigkeit, banger Hoffnung und dankbarer Erlöstheit. Ein auf wundersame Weise anrührendes Buch, das man mit wundem Herzen und dennoch mit einem glücklichen Lächeln auf den Lippen aus den Händen legen wird!
ISBN: 978-3-86191-012-1

Demenz
Wenn sich die Seele zurückzieht

Hans Stolp widmet sich dem Umgang mit Demenz aus einer spirituellen Sicht, in der die Ganzheit von Körper, Seele und Geist beachtet wird. Auch wenn sich die Geistseele zwischenzeitlich aus ihrer körperlichen Hülle entfernt hat, bleibt das Individuum bis zum letzten Atemzug anwesend. Das seelische Wesen erlebt bewusst alles mit, was sich um seine irdische Hülle herum abspielt. Dieser Erkenntnis kommt für den Umgang mit der Demenz eine ganz entscheidende Rolle zu. War man bisher weitgehend davon ausgegangen, dass in den späten Stadien einer Demenz keinerlei Kontakt mit der betroffenen Person mehr aufrechterhalten werden kann, so zeigt Hans Stolp auf, dass auf einer inneren Ebene eine ununterbrochene Verbindung besteht.
ISBN: 978-3-89427-700-0

Ende des 20. Jahrhunderts erregte in den USA ein Fall Aufsehen, in dem eine Herzpatientin nach der Einpflanzung eines Spenderherzens von merkwürdigen Bildsequenzen gequält wurde, die immer wieder vor ihren inneren Augen auftauchten. Es stellte sich heraus, dass es Szenen aus dem Leben des Organspenders waren, der gewaltsam ums Leben gekommen war. Aufgrund der Beschreibungen der Empfängerin des Spenderherzens konnten die Mörder des Spenders verhaftet werden!

Fälle wie diese legen die Annahme nahe, dass menschliche Organe auf irgendeine Weise eine Prägung erhalten, die bei ihrer Entnahme und Weiterverpflanzung offensichtlich erhalten bleibt und übertragen wird. Sollte diese Annahme zutreffen, ergeben sich zahlreiche schwerwiegende Fragen.

Hans Stolp stellt diese Fragen in seinem aufrüttelnden Buch und weist nach, dass das Thema „Organspende" in der gesellschaftlichen Diskussion um eine Dimension ergänzt werden muss.

Eine aufrüttelnde Streitschrift
über eines der umstrittensten Themen
der Gegenwart!

Hans Stolp
Organspende
Übertragen Organe Bewusstsein?
Klappenbroschur | 160 Seiten |
ISBN 978-3-86191-077-0
Crotona Verlag